走近知识产权

中小学知识产权教育读本

（TM）

广西壮族自治区知识产权局 编著

广西教育出版社
南宁

编委会

主　　编：柯　涛　黄　萍

主要编写人员：柯　涛　黄　萍　罗劲松　刘慧英　周　明　宋　晖
王高阳　司亚萍　饶　江　谢林玲　覃仁娣

绘　　图：阳　昀

图片提供：陆世高　陈　锋　丘　宁　黄晓娜等

前 言

很多人都有自己的梦想。有的想当发明家、科学家，有的想当企业家、作家、设计师……在实现自己梦想的历程中，每个人都要付出艰辛的劳动，历经曲折的创作、创新过程。

这些在拼搏与奋进中诞生的智力成果，必须得到法律的保护。只有让法律有效地为创造、创新保驾护航，人们的一个个梦想才能成真，社会的繁荣复兴才能得以真正实现。这，正是保护知识产权的重要意义所在。

在实现中华民族伟大复兴中国梦的新时代，科技迅猛发展，人们的创新意识逐步增强。由此，在全社会特别是青少年中普及知识产权保护意识，营造尊重知识、保护权益、鼓励创新的良好社会环境，正在成为一个越来越重要、越来越迫切的重大课题。

近年来，我国加大宣传教育力度，广大民众对于知识产权的认知程度逐年上升。《中国知识产权报》发布的《2015 年中国知识产权文化素养调查报告》调查结果显示，社会公众的知识产权综合素养指数已经达到 52.3，与 2008 年相比提高了 10.2，增长 24.2%。其中，特别值得注意的是，2015 年青少年的综合素养指数与 2008 年相比提升了 6.7，我国青少年对知识产权的认知度正在稳步提升，但提升指数却低于社会平均值。由此提醒我们：在青少年中普及知识产权知识依然任重道远。

纵观广西知识产权知识普及教育状况，呈现在我们面前的是一幅丰富多彩的图景——广西发明创造成果展览交易会举办的中小学生发明创造成果展、广西青少年科技创新大赛、广西中小学生发明创造示范单位建设，等等。这些丰富多彩的活动有效激发起同学们探索知识、发明创新的热情，许多小发明家在我们身边涌现，他们的多项发明成果获得了专利授权。

“少年智则国智，少年强则国强”，青少年是祖国的未来。以丰富多彩的形式培养青少年知识产权意识，强化青少年知识产权教育，正是当今我们建设伟大的创新型国家所必须夯实的基础。为确保知识的巩固与有效传扬，我们的知识产权意识教育，必须贯穿小学、中学与大学。正是基于这一目的，受自治区相关部门委托，我们针对广西中小学生教学活动的特点和需求，着手编写了《走近知识产权——中小学知识产权教育读本》。

本书由广西知识产权资深专家、广西大学教授柯涛牵头，组成编写团队。在创作过程中，团队成员本着科学求真、谦虚求教的态度，深入相关中小学校开展知识产权教学调研，并进行授课实践。在校园里，团队成员与学生们面对面亲切交流，了解学生们的兴趣爱好，征询学生们的实际需求，将丰富的知识产权知识转化为书本上描写的一幅幅生动场景，以漫画、情景对话、互动活动等多种形式，启迪、引导学生的阅读兴趣与思维，拓宽学生的视野。在确保内容全面、专业知识表达准确的基础上，力求在形式上出新、出彩，让一双双纯真的眼睛，在图文并茂、生动活泼、充满情趣的情境中，看得更深更远；让学生们在阅读中增添学习兴趣，勤思考善观察，进而积极动手创新，努力收获成果。

读本的编撰出版得到广西科技计划项目资金资助，特此致谢！并向在创作过程中对团队予以支持、帮助的相关组织、单位和个人致以诚挚谢意！

因水平所限，读本不足之处在所难免，恳望有关专家和读者批评指正。

编委会

2017 年 12 月

目　录

第一单元　走近知识产权 —— 观看知识产权科普展览

第二单元　听科教授讲讲 —— 专利与发明创造的思维

出场人物

科教授

男，70岁，大学教授
知识产权资深专家

成成

男，六年级学生
思维敏捷、喜欢设计
爱观察商标

季季

男，八年级学生
勤思考、爱发明创造
喜欢阅读科普图书

果果

女，五年级学生
爱唱歌、爱观察生活
喜欢写作

智智

男，七年级学生
爱阅读、爱音乐
爱运动

慧慧

女，四年级学生
喜欢画画，爱观察植物和小鸟

第一单元

走近知识产权

——观看知识产权科普展览

第一课　认识知识产权

第二课　知识产权的由来与发展

第三课　保护知识产权很重要

第四课　我们身边的知识产权

第一课 认识知识产权

最近我看到电视新闻报道，由中国铁路总公司牵头组织研制、具有完全自主知识产权、达到世界先进水平的中国标准动车组被命名为“复兴号”。

我也看了报道，2017年6月26日，中国高铁“复兴号”在京沪高铁两端的北京南站和上海虹桥站双向首发！

“复兴号”具有完全自主知识产权，同学们，谁知道什么是知识产权？
不知道哦，我也很想知道。
?
听老师说，这个周末我们学校邀请知识产权资深专家科教授带领我们参观知识产权科普展览。我们报名参加，一起去问问科教授如何？
好，赶紧报名！
专利申请咨询
全国知识产权宣传周
商标注册咨询
广西科技馆
科教授您好！季季哥哥好！
同学们好！
科教授好！同学们好！

这周是全国知识产权活动周，今天4月26日又是世界知识产权日，我们一起参观广西科技馆的知识产权科普展览吧？
好啊，请您带领我们参观。
知识产权科普展览
科教授，什么是知识产权呢？
相对有形财产而言，知识产权是一种无形的财产权。
无形财产权？
知识产权是人们在科学技术和文学艺术等领域，对基于脑力劳动创造完成的智力成果所依法享有的专有权利。
知识产权是脑力劳动创造的智力成果。
哦，所以是无形的。

一、什么是知识产权

知识产权是人们在科学技术和文学艺术等领域内，对基于脑力劳动创造完成的智力成果所依法享有的专有权利。这种权利是指对智力劳动成果所依法享有的占有、使用、处分和收益的权利。

知识产权与房屋、汽车等有形财产一样，具有价值和使用价值。有些重大专利、驰名商标或者作品的价值要远远高于房屋、汽车等有形财产。

知识产权是一种智力财产，是一种无形财产权，它与房屋、汽车等有形财产一样受到国家法律的保护。

二、知识产权有哪些内容与特征

（一）知识产权的主要内容

知识产权的主要内容有专利权、著作权、商标权和其他内容的知识产权。随着科学技术、文学艺术、工商活动等领域的不断发展与进步，知识产权的内容也将越来越丰富。

知识产权的主要内容

专利权	与人类创造、发明有关的权利，包括发明专利、实用新型专利、外观设计专利
商标权	与商品商标、服务商标、商号及其他商业标记有关的权利
著作权	与文学、艺术及科学作品等可复制的原创作品有关的权利
其他内容	商业秘密、植物新品种、地理标志、集成电路布图设计等一切来自工业、科学及文学艺术领域的智力创作活动所产生的权利

（一）知识产权的主要特征

1. 专有性：也称独占性，是知识产权的权利人所专有的权利，除了法律另有规定以外，他人不经权利人许可不得行使其权利。否则，就会构成侵权，将受到法律制裁。

2. 地域性：知识产权只能在授予其权利的国家或者确认其权利的国家生效，在该国受法律保护。如某企业在中国取得了注册商标的专用权，在中国受到商标法保护。如果在外国也要取得知识产权保护，必须依照该国家的法律规定提出申请。

3. 时间性：知识产权通常都有法定的保护期限，一旦保护期届满，权利自动终止。这与有形财产不同。如专利权过期后，这项技术就进入公共领域，其他人可以无偿使用。

4. 法律确认性：有些智力成果并不能直接获得知识产权，而必须依照国家专门的法律规定确认或者授予才能获得知识产权。如专利权的获得，要按《中华人民共和国专利法》规定向专利局申请，专利局审查合格并发给专利证书予以确认；注册商标专用权，也需要商标局核准注册并发给证书。而违反法律规定或者道德风俗的智力成果，是不受知识产权法律保护的。

三、我国的知识产权法律制度

知识产权法律制度是智力成果所有人在一定期限内依法对其成果享有独占权，并受到保护的法律制度。实施知识产权制度，可以起到激励创新，保护人们的智力成果，并促进其转化为现实生产力的作用。

从 20 世纪 70 年代末我国实施改革开放政策以来，为了保护科学技术和文化领域的创造性智力成果，促进知识的创造、保护和利用，提升我国的自主创新能力，并与国际惯例接轨，我们国家逐步建立起比较完整的知识产权法律制度。如：

为了加强商标管理，我国于 1982 年通过了《中华人民共和国商标法》。

为了保护专利权人的合法权益，鼓励发明创造，我国于 1984 年通过了《中华人民共和国专利法》。

为了保护文学、艺术和科技作品作者的著作权，我国于 1990 年通过了《中华人民共和国著作权法》。

后来，又相继制定了《计算机软件保护条例》《信息网络传播权保护条例》等。

我国针对社会经济、科技发展新形势和出现的一系列新问题，于 1993 年制定了《中华人民共和国反不正当竞争法》；1995 年制定了《中华人民共和国知识产权海关保护条例》；1997 年制定了《中华人民共和国植物新品种保护条例》；2001 年颁布了《集成电路布图设计保护条例及实施细则》；等等。

知识链接

世界知识产权组织

世界知识产权组织（WIPO）是关于知识产权服务、政策、合作与信息的全球论坛，是一个自筹资金的联合国机构，总部设在瑞士日内瓦，截至2017年10月共有191个成员。中国于1980年6月3日加入WIPO，成为它的第90个成员。

世界知识产权组织是一个致力于促进使用和保护人类智力作品的国际组织，是联合国组织系统中的15个专门机构之一。它管理着涉及知识产权保护各个方面的24项国际条约（16项关于工业产权，7项关于版权，还有1项是《建立世界知识产权组织公约》）。

第二课 知识产权的由来与发展

知识产权制度是保护人类智力成果的法律制度。从知识产权的产生与发展来看，知识产权制度在世界上经历了400多年的发展和演变。其中专利、商标和版权立法的时间较早。

一、知识产权的萌芽

知识产权起源于封建社会的一种“特权”。专利作为一种现象，最早萌芽于英国。世界第一部专利法诞生于威尼斯共和国。

1474 年 3 月 19 日，威尼斯共和国颁布了世界第一部专利法《发明人法》，该法令可谓现代专利法的基本典范和代表，为后来知识产权制度打下了基础。伽利略就曾在威尼斯共和国获得了扬水灌溉机械的专利权。而英国引入专利制度的时间则是 1674 年，整整晚于威尼斯共和国 200 年。

二、知识产权的产生与发展

（一）许多国家相继建立知识产权制度

进入资本主义社会后，科学技术和产业革命使社会生产力获得空前的发展。对知识产品的占有、使用会带来极大的经济收益逐渐成为人们的共识。然而，在技术转移、公开中，如何保障原先发明者的竞争优势呢？这就需要建立一种机制，既能维持新技术发明人的优势，又能满足社会对该技术的需要，知识产权法律制度应运而生。

在法国、德国、俄罗斯、日本等国家进入世界经济强国的历程中，知识产权制度都发挥了重要的作用。

（二）知识产权制度逐步成为国际上通行的法律制度

知识产权制度是开发和利用知识资源的基本制度。随着科学技术的飞速发展，国际贸易中商品的知识、技术含量增加，为了取得和保持市场优势的地位，各国越来越重视国际贸易中的知识产权保护问题。1967 年世界知识产权组织的建立，为知识产权国际保护制度的实施提供了组织保障。

迄今为止，经过数百年的发展，知识产权制度已成为国际上通行的法律制度，世界上已经有约 170 个国家和地区建立了不同程度的知识产权制度。

小故事

早先的望远镜是玩具

1. 在 400 多年前的欧洲荷兰的米德尔堡小城，有一个眼镜店每天顾客盈门，店里的老板、眼镜匠利珀希整日忙乎着为顾客磨镜片，他把换下来的废镜片丢在角落里，而这些废弃镜片呢，却成了利珀希三个儿子的玩具。

2. 有一天，三兄弟在阳台上玩耍，小弟弟拿着镜片在眼前比画着看风景。他一手拿一块镜片前后比画着，这时候他忽然发现远处教堂尖顶上的风向标变得又大又近。哥哥好奇地夺下弟弟手中的镜片并模仿弟弟的姿态看房上的瓦片、飞鸟……它们都很清晰，仿佛近在眼前，这个发现让兄弟三人高兴极了！

3. 三兄弟迫不及待把这一发现告诉利珀希。“哦，是吗？”利珀希将信将疑地依照儿子说的那样实验，当他把两块镜片对准远处景物时，利珀希也非常惊喜地发现远处的视物被放大了，仿佛就在他的眼前，一切都是那样触手可及。

4. 街坊们知道这一有趣的发现后，争相前来店里观看，看了也颇感惊奇，不少人愿出一副眼镜的代价买下可观看景物变近的镜片，买回去后当作玩具单独享用，结果废镜片成了宝贝呢。

小故事

5. 看到废弃镜片竟有如此价值，作为在当时颇有市场经济头脑的眼镜匠，利珀希向荷兰国会提出发明专利申请。1608 年 10 月 12 日，荷兰国会审议了利珀希的申请专利后给利珀希回复：要能够同时用两只眼睛进行观看；“玩具”是大类，申请专利的这个玩具应有详细的名称。

6. 利珀希很快照办了。接着他又在一个套筒上装上镜片，并把两个套筒连接，满足了人们双眼观看的要求，他将这个玩具取名为“窥视镜”。1608 年 12 月 5 日，经改进后的双筒“窥视镜”创造专利获得荷兰政府同意，国会还给他发了一笔奖金表示激励呢。

哇，400 多年前利珀希就获得荷兰政府批准的发明专利了。

从废弃的镜片发明早先的望远镜——双筒“窥视镜”，有意思。

发明就是需要善于观察、善于发现。

三、知识产权制度在社会经济生活中的主要作用

纵观世界知识产权发展史，知识产权制度的产生和发展是随着社会经济发展的需要而不断发展进步的。我们已经进入了知识经济时代，知识已经成为新的经济增长中的因素，知识产权制度在社会经济生活中发挥着越来越重要的作用。知识产权制度在社会经济生活中的作用主要体现在三个方面：

1. 知识产权制度有利于鼓励创新，保护创新成果。

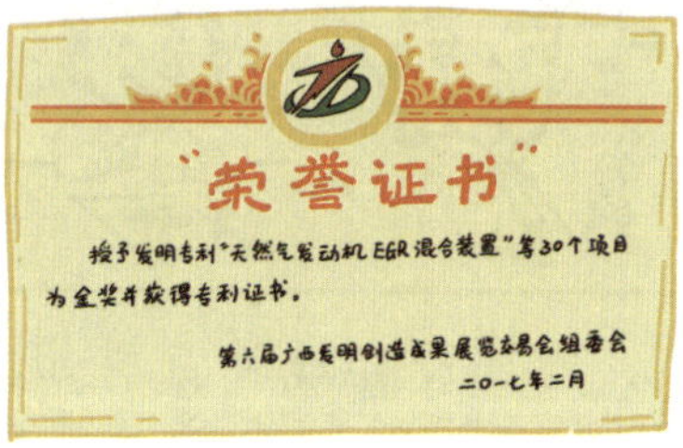

2. 知识产权制度有利于技术创新，有效配置创新资源。

3. 知识产权制度有利于对外开放，促进科技和经济发展。

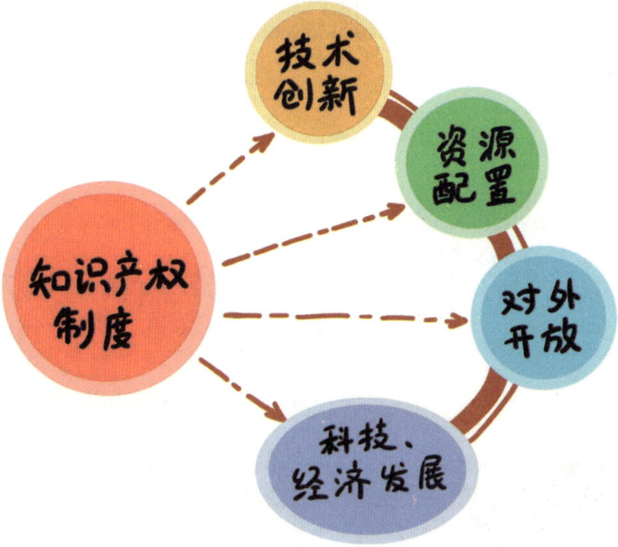

知识链接

“世界知识产权日”的由来

1970 年 4 月 26 日，《建立世界知识产权组织公约》生效，世界知识产权组织正式成立。

1999 年，中国和阿尔及利亚共同提出关于建立“世界知识产权日”的提案。

2000 年 10 月，世界知识产权组织第 35 届成员大会系列会议通过了建立“世界知识产权日”的提案，决定从 2001 年起将每年的 4 月 26 日定为“世界知识产权日”。

第三课 保护知识产权很重要

一、知识产权是无形资产

相对有形财产而言，知识产权是一种无形财产权。一旦拥有的知识产权得到应用，就可能会产生经济效益，带来财富。知识产权不但使权利人获得利益，还能造福人类。

知识无形，却能产生财富，好神奇哦！
专利技术可以作为商品出售或转让，实现其经济价值。

专利技术可以产生经济价值？
是的。一旦专利技术寻找到了客户，比如，签订了技术转让合同，或者以专利技术入股的方式开始实施，就产生了经济价值。

我们来看看广西无籽西瓜的科研成果。
哇！

小故事

李研究员与他的无籽西瓜

1．李研究员是广西有突出贡献的优秀农业专家和全国著名的无籽西瓜育种专家。

2．他从小喜欢种树，在田间路旁看到龙眼树小树苗，都会产生“挖回家种”的念头。1977 年大学毕业后，他来到了广西农科院工作，开始在西瓜的天地里施展才华。

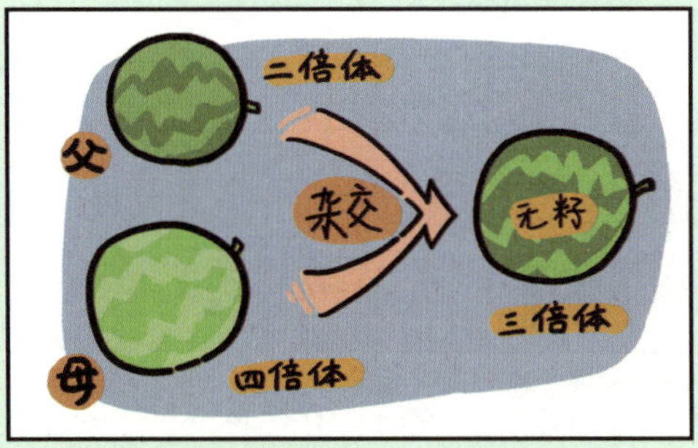

3．一般有籽西瓜都是二倍体。无籽西瓜是经过人工处理后产生的三倍体西瓜，它是由四倍体西瓜做母本，二倍体西瓜做父本进行杂交而产生的一代品种。它们并不是完全没有种子，只是种子还有未发育的小小、白白的种皮，吃起来很软，像无籽的感觉，所以叫无籽西瓜。

4．培育无籽西瓜是极具挑战、难度很大的事情。李研究员和他的团队经过无数次试验，才获得了无籽西瓜所需性能比较稳定的变异材料，可以在农科院试验地里试种。

小故事

5. 眼看试验地的种（zhǒng）瓜成熟了，李研究员心里真高兴，可有一天种瓜被人摘走了。经查是附近一所中学的几个男生摘走并且吃了。幸运的是，一名学生留下了种子准备带回家去种。

6. 李研究员用学生留下的瓜子重新种植种瓜。经过无数次试验，1978 年李研究员成功培育出第一个无籽西瓜。从 1978 年到现在，李研究员培育了一代又一代的无籽西瓜，带富了一村又一村的瓜农。

7. 李研究员和他的团队获得无数荣誉，如“广西三号、广西五号无籽西瓜新品种选育与应用推广项目”获广西科学技术特别贡献奖、国家科技进步二等奖。

8. 1990 年“广西五号”培育出来时，曾有商人想出 200 万买断成果，后被李研究员拒绝了。今天，面对沉甸甸的荣誉，宝刀未老的李研究员豪情满怀地说自己仍会全力以赴，为培育高品质的西瓜品种再立新功。

二、保护知识产权

（一）保护知识产权的意义

1. 保护知识产权，有利于调动人们从事科学研究和文艺创作的积极性。

2. 保护知识产权，能够为企业带来巨大经济效益，增强经济实力。

3. 保护知识产权，有利于促进对外贸易，吸引外商投资。

（二）维护和尊重他人的知识产权

1. 要学习专利法、商标法、著作权法、反不正当竞争法等知识产权法律法规，提高知识产权法律意识。

2. 建立健全知识产权相关制度，用制度来加强知识产权管理。

3. 设立专门的知识产权管理部门，做好知识产权管理。

4. 熟悉专利申请、商标注册、作品自愿登记法规流程，适时进行专利申请、商标注册、作品自愿登记。

5. 加强知识产权入口、出口的审查，确保自有知识产权不受他人侵犯和不侵犯他人知识产权。

课后小练习

1. 知识产权是人们在科学技术和文学艺术等领域对基于脑力劳动创造完成的________所依法享有的专有权利。

2. 知识产权的主要内容有________、________、________和其他内容的知识产权。

3. 知识产权的主要特征有：（1）专有性；（2）________；（3）________；（4）法律确认性。

4. 尝试给手工编织的毛衣和手工制作的核桃饼各想一个品牌名称，并用文字、图形、字母、数字、三维标志和颜色组合，将这两个品牌设计成一个可视性标志——商标。

5. 世界知识产权日是每年的________月________日。

（答案见本单元末）

第四课　我们身边的知识产权

知识产权无处不在

大家来数数衣、食、住、行、用上的知识产权怎么样?
好啊!
请科教授带着我们一起数吧。
来吧。
衣
看，我的运动鞋是李宁牌哦，包含商标权。
我今天穿的花裙子，从布料染色、纺织到裙子的款式设计都包含专利技术。
不错，果果连生产过程都与知识产权相联系了。
看，我戴的帽子也是有商标的。
我穿的毛衣，是我表姨手工编织的，她会编男女式不同年龄不同款式的毛衣，周围许多阿姨都跟她学习编呢。
可以让你表姨申请外观设计专利。

食

我每天早餐喝的豆浆是不用过滤渣的，很好喝。

为小家电专利技术点赞！

九阳豆浆机中包含多项专利技术。比如专利号ZL201010195075.1，专利名称为“快速制浆的豆浆机”，专利权人是九阳股份有限公司，获得第十七届中国专利金奖。

我最爱吃荔浦芋头。

我爱吃灵山荔枝。

这些与知识产权有关系吗？

有关系，这两种都是国家地理标志产品。

太棒了！科教授，地理标志产品都有哪些啊？

有容县沙田柚、荔浦马蹄、覃塘莲藕、横县茉莉花茶、乐业猕猴桃、梧州砂糖橘、百色芒果……多到我都数不过来了！

我们早餐喝的牛奶，看它们的商标，很漂亮哦。

科教授，牛奶有专利技术吗？

有啊，例如，植物乳杆菌ST-III是光明牛奶的专利菌种，皇氏集团“源于广西巴马长寿村的益生菌鼠李糖乳杆菌hsryfm1301及其应用”的发明专利在2014年获得了国家知识产权局授权。

看来，专利成果是企业的核心竞争力啊！

住

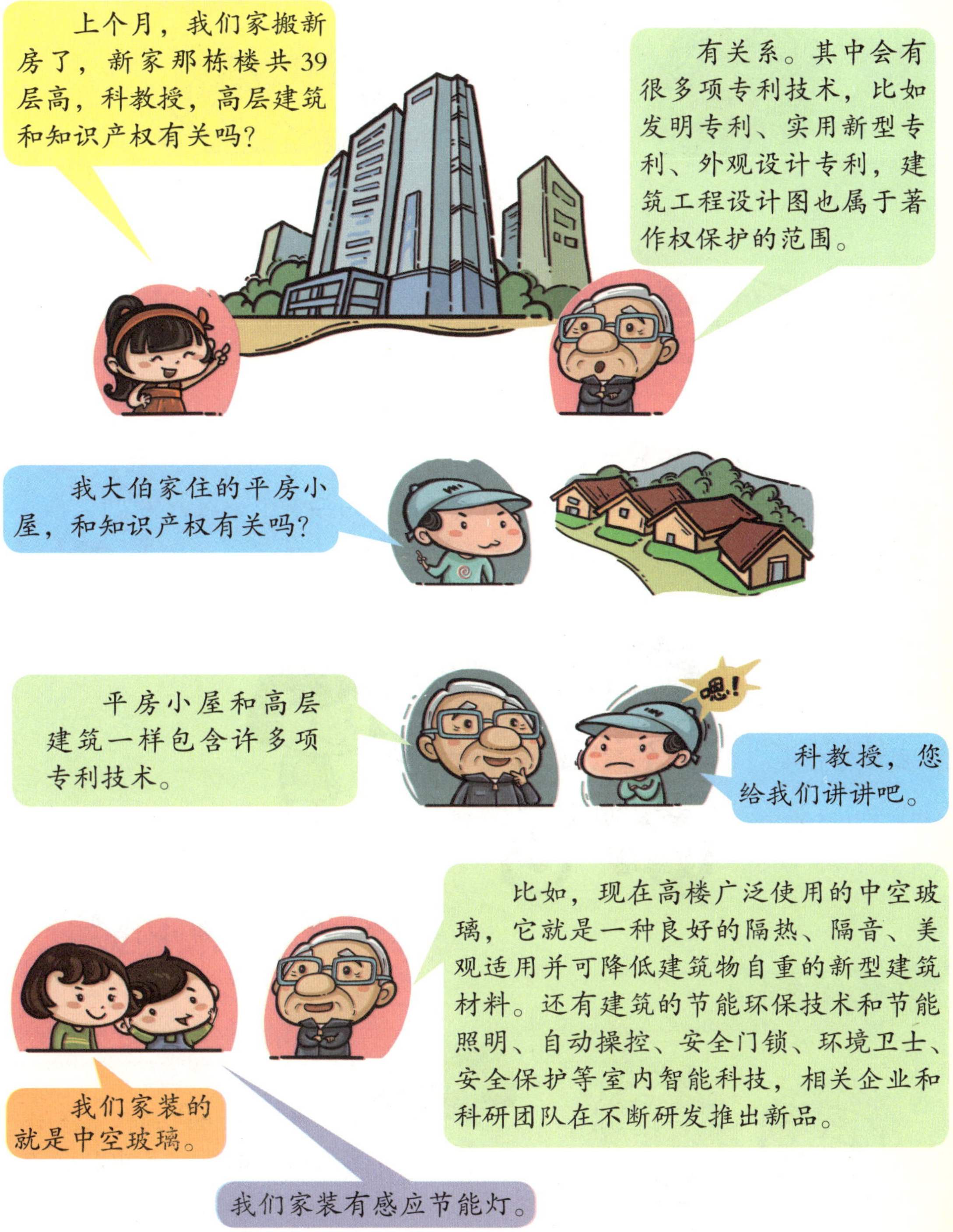
上个月，我们家搬新房了，新家那栋楼共39层高，科教授，高层建筑和知识产权有关吗？
有关系。其中会有很多项专利技术，比如发明专利、实用新型专利、外观设计专利，建筑工程设计图也属于著作权保护的范围。
我大伯家住的平房小屋，和知识产权有关吗？
平房小屋和高层建筑一样包含许多项专利技术。
嗯！
科教授，您给我们讲讲吧。
比如，现在高楼广泛使用的中空玻璃，它就是一种良好的隔热、隔音、美观适用并可降低建筑物自重的新型建筑材料。还有建筑的节能环保技术和节能照明、自动操控、安全门锁、环境卫士、安全保护等室内智能科技，相关企业和科研团队在不断研发推出新品。
我们家装的就是中空玻璃。
我们家装有感应节能灯。

《长沙晚报》2016年报道，在长沙县浔龙河创客一条街，某创客花一年时间研发的“地球仓”移动式智能生态小屋拿到了6项专利，包括智能门锁系统、污水处理系统等。

科技含量真多！

哇，有意思。

我爸爸给我弟弟买的儿童推车(D340)，专利号是ZL201430077327.X，专利权人是好孩子儿童用品有限公司，也是获得第十七届中国外观设计金奖的产品呢。

我骑的是凤凰牌自行车。

我姥爷很钟爱永久牌自行车。

还有宝骏汽车。

宝骏汽车是上汽通用五菱合资公司的自有品牌，其中包含许多项发明专利。

还有我们在学校讨论的我国研制、具有完全自主知识产权的“复兴号”动车。

是的，是的！

还有我国自主研制、具有完全自主知识产权的国产大型客机 C919。

C919 大型客机的自主研制应该说是举全国之力，虽然中国商用飞机有限责任公司已经提交的相关中国专利申请只有 1000 余件，但全国合作单位累计拥有的相关专利超过 3 万件。

哇,3 万多件专利！

真了不起！

用

我来说。我们用的手机、电脑这些科技产品应该有许多项专利权。联想（北京）有限公司的笔记本电脑 (U430s)，专利号为 ZL201330033017.3，2016 年 12 月获得第十八届中国外观设计金奖。

华为终端有限公司的手机 (Ascend Mate 3)，专利号为 ZL201430089632.0，也获得第十八届中国外观设计金奖。

我们上课用的课本，我们看的图书、影片、报纸，是和著作权有关吗？

是的。这些作品的作者就是著作权人，享有著作权。从作品完成的那一刻开始，不管它发表还是不发表，都自动有了著作权，受法律保护。

我们用的广博文具、晨光文具、中华铅笔、英雄墨水也包含知识产权。

你们知道吗，小小螺丝批也获得大奖。

广博文具

晨光文具

这么个小小五金工具也有专利技术？

的确有。螺丝批，专利号为ZL201230418988.5，专利权人是苏州宝时得电动工具有限公司，获得第十七届中国外观设计金奖，这个奖项只有5个名额哦！

小五金大作为！

还有“源生堂”洗发水，是结合广西多种药材资源研发的。

它包含知识产权吗？

据了解，源生堂也有产品获得国家专利技术，如“一种天然中草药养发液”中国发明专利号为ZL201110239392.3。

随着科学技术、文学艺术、工商活动等领域的不断发展与进步，知识产权的内容也将越来越丰富。
知识产权真是随处可见啊！
可不是嘛，大到国产C919飞机，小到平时看到的商标、图书，还有我爱吃的水果全都有知识产权的身影。
所以说，知识产权就在我们身边！
知识产权与我们密切相关，我很想学习。
我也想学习，以后我的小发明就可以申请专利啦。
内容深奥着呢，怎么学？
如何学习知识产权
是啊，我们怎么学呢？
我很高兴你们有学习的愿望，希望你们在课外时间用轻松好玩的方式学习。

探究实践

知识产权趣味学习建议

时间安排 课外活动课、课余时间

学习方法

1. 阅读《中小学知识产权教育读本》等普及中小学知识产权知识的图书，了解基本概念和主要内容，如专利权、商标权、著作权等知识。

2. 将学校各学科的课程与知识产权联系起来学习，比如语文、英语、音乐、美术与著作权联系，数学、物理、化学、生物、地理、劳动技术、信息技术与专利和创新联系，政治、美术与商标联系等。

3. 多阅读发明创造类科普图书，观看科普影片。

4. 多听知识产权普及教育讲座。

5. 多参观知识产权普及教育展览、发明创造展览、青少年发明大赛展览以及相关科普展览。

6. 做学习和生活的有心人，把日常观察的感想记录下来，多与知识产权联系起来，勤思考，多观察，勤动手。

动手实践

1. 动手创作作品。

（1）创作作品。以班级或小组为单位开展作品创作活动。①主题范围：可写亲情、师生情、故乡情等，题目自拟。②创作作品种类：一篇文字作品（小小说、诗歌、散文、日记等），画一幅画（漫画或水彩画等），写一幅名诗句毛笔书法，拍一组照片（配上图注）。建议在班级出版一期板报进行展览，也可以给有关媒体投稿。

（2）小小厨艺创意体验。

①调制夏日五彩缤纷水果茶。建议5~8名同学，在家里调制。

探究实践

食材搭配一：红茶包、柠檬、西瓜、白砂糖。食材搭配二：红茶包、西瓜、火龙果、芒果、柠檬、蜂蜜。食材搭配三：蜂蜜、柠檬、百香果。可以上网查找制作步骤的资料。调制好后给水果茶命名，再带到学校，与同学们一起比赛，看谁做的色、香、味俱全。然后给这款水果茶设计一个商标，想想应该用什么元素、怎样构图。

②做包子。建议几名同学一起，在家长的指导与协助下在家里动手体验。可做牛肉香菇馅、芝麻花生馅等。可上网查找相关制作步骤的资料。做好了带到学校，与同学们分享成果，看谁的造型最美，味道最好。给自己做的包子起个可爱的名字，再动手画一个商标。

2. 积极参加青少年科技创新大赛等活动。

创新源于生活，需要细致的观察力、大胆的想象力、勤于动手的能力。通过参观来扩大视野，观察参赛的发明创造作品，多与参赛同学交流，或许从中可以激发自己的发明创造兴趣，从而产生创意，接着动手做设计方案并大胆动手实践。比如，在2015年5月举办的第十一届中国青少年创造力大赛中，来自安徽阜阳一中的刘同学已经有4项专利。其中一项是她看到妈妈每天穿高跟儿鞋都很辛苦，结合动画片里的变形金刚，联想到设计一个可折叠高跟儿鞋，并因此获得一项专利。刘同学说："在生活中看到一些问题，然后就想着手去解决。"刘同学能做到，你也可以做到。

3. 申请专利。

拥有发明创造成果的同学可以在老师的指导下，尝试委托代理机构代办申请专利（可参看第二单元第二课"如何申请专利"）。

这个学习建议好玩哦！我要号召同学们都来学习。
我响应，和你一起向同学们宣传。
我要开始学习啦。

我也要行动啦！
只要合理安排时间，有计划地学习，我相信大家一定会有收获。

我提议，课余时间我们继续邀请科教授给我们传授知识产权知识，带领我们深入学习实践，好不好？
季季哥哥的建议真好，我赞成！
我也很乐意。
我们都很期待！

互动园地

出板报，观影片

一、做宣传知识产权的小板报，内容围绕“知识产权”来设计。栏目自己设置，标题、内文、插图、版式设计都是自己动手完成（先画好草稿，再用一张全开纸完成板报设计、制作）。完成后在班里一起评比，评选出一、二、三名，分别在班里出版3期板报。

二、班级组织观看一部科教影片，如中国的《宇宙与人》，法国的《迁徙的鸟》《微观世界》等。观看后，一起玩玩互动游戏。

1．观看的影片中有哪些知识产权的内容？比一比，看哪个同学说得又多又准确。

例如《宇宙与人》

观看影片前15分钟片段的观后感提示：

《宇宙与人》——科教电影作品，北京科学教育电影制片厂与国家新闻出版广电总局电影频道节目制作中心联合摄制。

影片从宇宙开始展开画面，涉及望远镜，太阳，能源，“寒武纪地层生物大爆炸”，微生物，地球充满氧气，有氧才有生命的运动等内容。影片与知识产权有关的内容大致有如下（供同学们参考）：

影片《宇宙与人》的版权（著作权）属于摄制单位，不能擅自修改，因为影片有版权，其中的背景音乐、动画制作属于作品，都受到我国著作权法保护。

影片是根据湖北少儿出版社2009年出版、忻迎一著的图书《宇宙与人》的内容来摄制。忻迎一有《宇宙与人》图书的版权，拍成影片需要得到忻迎一的授权。

影片提到了400多年前望远镜的发明专利权。

2. 每位同学讲一讲让自己印象最深的片段的观后感。

例如《迁徙的鸟》

在时长95分钟的电影中，观众跟随千万只候鸟飞翔在广袤的天地间，你可以听到鸟儿低低的鸣叫、翅膀切割空气的声音，还可看到法国的埃菲尔铁塔、美国的自由女神像、非洲的大峡谷、中国的长城、英国的牧场、南美的雨林、大海里的航空母舰……影片让你感受到气象之美、情感之美、歌声之美、迁徙之美……

《迁徙的鸟》主要看点提示（供同学们参考）：

（1）数字技术出神入化，音效与画面完美融合。

影片中数字电影技术的运用几乎达到了极致，在同候鸟95分钟的“飞行”中，伴随着优美的音乐，不仅游览了世界各国的山川湖泊、美景名胜，还领略了四季的变化。

（2）强大的影片制作阵容。

《迁徙的鸟》是享誉世界的著名电影制片人兼导演雅克·贝汉的《天·地·人》三部曲之一。《迁徙的鸟》的拍摄聘用了17名优秀的飞行员，8个摄影队，在两个科学考察队的指导下，启用直升机、悬挂式滑翔机等设备完成拍摄。

（3）跨地域广，拍摄历时久。

影片拍摄历时4年，景地遍及全球36个国家175个地区，记录胶片长达46万米。

（4）整部影片都将成为珍贵的生物学资料。

《迁徙的鸟》通过与鸟类近距离的观察，以人性化的视角，记录了大量候鸟不同的生活、迁徙习性。它们嬉戏时优雅的舞姿，在艰苦环境中相濡以沫的瞬间，都是极为难得的生物学资料。

答案

【课后小练习】1. 智力成果　2. 专利权　著作权　商标权　3. 地域性　时间性　5. 4月26日

单元小结

知识产权是人们在科学技术和文学艺术等领域对基于脑力劳动创造完成的智力成果所依法享有的专有权利。

在我们的日常生活中，知识产权无处不在。通过学习和观察，我们将会对知识产权的概念、知识产权的主要内容与特征、我国的知识产权法律制度和保护知识产权的常识有一些了解，并学会应用知识产权，自觉培养保护知识产权的意识与社会责任。

本单元着力于对基础知识的传播，特别是通过拓展学习建议，激发学生对知识产权的学习热情与兴趣。

第二单元

听科教授讲讲
——专利与发明创造的思维

第一课　发明不神秘，需做有心人

一、什么是发明

根据联合国世界知识产权组织的定义：发明是发明人的一种思想，能在实践中解决技术领域的某一特定问题。

同学们，你们听说过中国“新四大发明”吗？
没有听过，我知道我国古代对世界具有很大影响的四大发明是造纸术、指南针、火药和印刷术。
昨晚听我爸爸说，他看新华网报道：2017 年 5 月，由“一带一路”沿线 20 国青年参与评选的高铁、支付宝、共享单车和网购被称作中国“新四大发明”。
高铁
网购
随时随地有车骑
共享单车
我也看了“新四大发明”塑造中国创新形象的报道，曾以古代四大发明推动世界进步的中国，正再次以科技创新向世界展示自己的发展理念。
我妈妈经常骑共享单车上下班！
我和爸爸妈妈经常坐高铁回老家看奶奶，1 个多小时就到了。
我常用支付宝上网买书。
我们都用中国“新四大发明”啦。
为祖国的发展喝彩！

我们广西有发明专利吗？

广西的发明专利很多。2016 年，广西获批成为全国首批特色型知识产权强区建设 3 个试点省（区）之一。全年发明专利授权有 5158 件，每万人口发明专利拥有量达到 3 件。

哇，这么多啊！那最近有多少发明专利？

2017 年 1—5 月，广西有效发明专利达到 15461 件，每万人口发明专利拥有量达到 3.22 件。

广西的发明专利好多！

二、数数发明人

同学们，按照你们的学习和见闻说说你们知道的发明家。

瓦特。

爱迪生、贝尔。

莱特兄弟。

牛顿。

同学们说的都是外国著名的发明家。在我们中国从古至今也不乏伟大的发明家，远在春秋战国时期中国就有鲁班，而中国现代和当代也不乏出色的科学家、发明家，大家数数。
昨晚我刚看到央视节目介绍“中国核潜艇之父”、中国工程院院士黄旭华。
我也看了，振奋人心！
中国著名物理学家、“两弹元勋”邓稼先。

还有被誉为“中国导弹之父”的钱学森。
我也知道，中国杂交水稻育种专家，被称为“杂交水稻之父”的中国工程院院士袁隆平。
还有王码汉字键盘输入发明者王永民。
大家说得好，还有钱三强、李四光、李政道、杨振宁等，数不胜数。

小故事1

鲁班发明锯子和墨斗的故事

1. 鲁班是春秋时期鲁国人。2400多年来，人们把许多古代劳动人民的集体创造和发明都集中到他的身上，有关他的发明创造的故事，实际上是中国古代劳动人民发明创造的故事。鲁班的名字实际上已经成为古代劳动人民智慧的象征。

2. 有一次，鲁班在做一项建筑工程，需要大量的木材。他领着徒弟带着斧头上山砍伐木料。一连伐了几天树，由于工具落后，尽管他们起早贪黑，挥动斧头，木料还是供应不上。鲁班十分着急。

3. 有一天，鲁班在砍树木时，手被丝茅草的叶子划破了，渗出血来。他仔细观察丝茅草后发现，丝茅草边缘上长着又密又锋利的细齿。接着，他又看见一只大蝗虫正张着两个大板牙，很快地吃着草叶。鲁班捉了只蝗虫一看，发现它的板牙上也有利齿。看看丝茅草的叶子，再看看蝗虫的大板牙，他心里豁然开朗。

4. 鲁班把毛竹劈削成条，并将竹条边缘模仿丝茅草叶和蝗虫板牙做成锯齿。用它去拉树，只拉几下，树皮就破了；再一用力，树干锯出一道深沟。可是时间一长，竹条上的锯齿就钝了、断了。于是鲁班想，如果用铁条代替竹条，就会很坚硬耐用。于是他马上请铁匠打了一个有锯齿的铁条，再用它去拉树，真是锋利极了。这就是锯的发明。

小故事1

5. 后来鲁班在宫殿施工过程中，看到工匠们在给长木料画线时很难画直，他又发明了墨斗。

6. 鲁班利用两点成一直线的原理，将两点固定，用手捻起墨线轻轻一弹，就在长长的木料上画出一道清晰的黑线。墨斗解决了木匠们在长木料上画线不直的难题。

我懂了，只要我们善于观察，就可能会发明出新的工具，就像鲁班一样。

关键是能想到做到，解决实际问题。

不错，只要做生活的有心人，留意身边的事，多动脑筋思考研究，每个人都有发明创造的机会，每个人都可以做发明人。

科教授说得好，我有信心努力成为发明人。

现在来看看你们同龄人的发明。

小故事2

汽车自动转向灯的发明

1. 13 岁时就拥有 3 项发明创造，柳州市十二中七年级学生彭思程被同学们誉为“小爱迪生”，其发明的新型自动转向灯在第 26 届全国青少年科技创新大赛中获得二等奖。

2. 彭思程观察到，不少开车的叔叔阿姨在需要转弯时往往因为大意忘记打转向灯，这样不仅会影响到其他车辆的正常行驶，严重时还会引发交通事故。经过思考、实验，他为那些常常忘记打转向灯的“马大哈”发明了新型自动转向灯。

3. 乍一看，这款新型自动转向灯装置与普通方向盘相比并无特殊之处。不过彭思程却指着方向盘转轴上几个控制器介绍了其中的玄机：“方向盘一转，磁场感应元件就能检测到，然后开启方向指示灯和蜂鸣器，实现提醒功能。”

4. 对于以后的发展思路，彭思程说：“柳州是有名的‘汽车城’，年产各种汽车百万辆以上。新型自动转向灯设想能够立足柳州，服务于广西汽车工业。”

三、发明有多少类型

从发明最终的成果来看，主要有产品发明、方法发明、物质发明等。从发明创造的思维来看，多数为开拓性发明、组合发明、应用发明、选择发明和克服技术偏见的发明。

（一）开拓性发明

开拓性发明，也叫首创性发明，是指一种全新的技术方案，在技术史上未曾有过的先例，它为人类科学技术在某个时期的发展开创了新纪元。开拓性发明同现有技术相比，具有突出的实质性特点和显著的进步，具备创造性。

（二）组合发明

组合发明是指将两种或者两种以上现有事物（技术）组合到一起，如果产生了新的技术效果，或者说组合后的技术效果比每个技术特征效果的总和更优越，则为组合发明，发明点是该组合具备创造性。

（三）应用发明

应用发明即对公众已知产品的新用途、公众已知方法的新应用以及公众已知技术转移应用的发明。

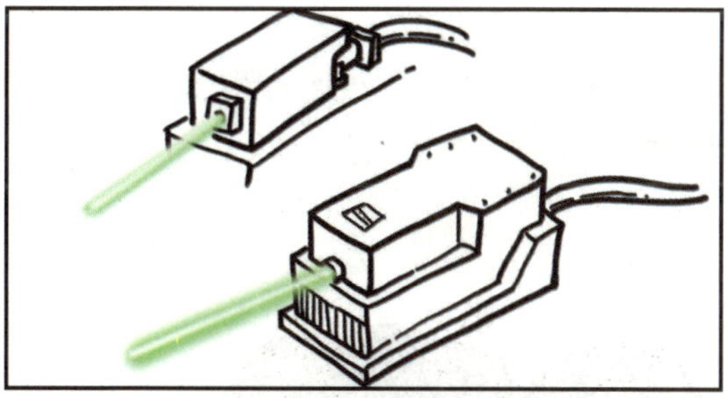

激光是当代科学技术最重要的发明之一。1960 年 5 月，美国加利福尼亚州休斯飞机公司年仅 33 岁的梅曼（T.Maiman）试制成世界上第一台激光器。

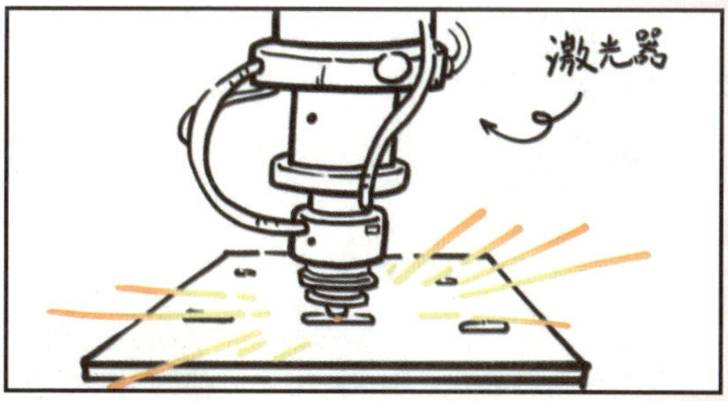

人们认知了激光单色性好、亮度大、不易发散、能量高度集中等特性，就开展了一系列的应用发明，如激光打孔机、激光切割机等光机电一体化产品发明。

有了半导体器件后，人们又应用发明了半导体收音机、半导体电视机、半导体手机等，现代的家电产品几乎都与半导体的应用发明有关。

为了克服高空擦外层玻璃的危险，有人利用磁铁相互吸力作用，发明了双面玻璃清洁器，这个清洁器可以同时擦里外两面玻璃。这项发明，曾获得北京国际发明奖。

（四）选择发明

选择发明是指从现有技术中公开的较大范围中，有目的地选出现有技术中未提到的小范围或个体，并产生预料不到的积极技术效果发明。

第二课　专利权及其分类

一、什么是专利

专利是专利权的简称，是国家依照专利法授予专利权人在一定期限内对其发明创造成果所享有的独占、使用、处分、收益的权利。

专利是无形资产，是国家和企业参与国际竞争的重要经济、社会发展资源和核心竞争力。

二、专利有多少种类

每个国家对发明的专利类别的规定是不同的。我国专利法规定了发明的专利种类有发明专利、实用新型专利和外观设计专利。每种专利保护的客体（对象）是完全不同的，审查方式和保护期限也不同。

（一）发明专利

发明专利是指对产品、方法或者其改进所提出的新的技术方案。发明专利可以分为产品发明和方法发明两大类型。

产品发明

产品发明是发明专利的一种类型，是关于新产品或新物质的发明。

小故事3

太阳能远红外综合干燥房

1．一天，广西大学柯涛教授随广西科技教育考察团到广西一些凉果、蜜饯生产企业的生产现场考察。

2．柯涛教授发现许多厂家都是把原料放在露天进行摊晒。这样不仅食品容易被污染，而且又受天气的影响。

3．柯涛教授还在大新县综合食品厂的仓库角落里，发现许多被炭火烤煳的龙眼果，感到十分可惜。

4．柯涛教授就想能否发明建造一座好天气时充分利用太阳能，而阴雨天气时利用电加热、远红外发射器加热的太阳能远红外综合干燥房。

小故事3

5. 这种干燥装置既充分利用了太阳能，又充分利用了远红外能穿透到物料内部加热的特性，加速干燥效果，节约了能量，又消除了阴雨天气的影响，提高了食品加工卫生条件。

6. 柯涛教授这项发明获得了国家发明专利、国际发明铜牌奖以及全国星火计划成果推广金奖。

小故事4

广西大学王双飞教授及其团队的故事

1. 人类在生产和日常生活中会产生各种各样的污水，这些排入河流中的污水会对环境产生污染，危害人类健康。

2. 如何才能去除污染物中的微生物，同时为它们的生长和工作提供一个适宜的环境？这是广西大学王双飞教授及其团队多年潜心钻研的课题之一。

3. 由王双飞博士带领的团队，发明了一套先进的污水处理设备——“上流式多级厌氧反应器”，为微生物建造一座工作的“房子”。

4. 这个房子还有一个特别的功能，就是可以将污水里面的有机污染物转变成沼气。王双飞博士给它们起名为“高效的三相分离器和气液分离器”。

小故事4

5. 沼气被分离出来贮存在一个球形的沼气储罐中，可以用于燃烧发电、供暖、做饭。这个“上流式多级厌氧反应器”获得了国家发明专利。

6. 由广西大学作为第一完成单位，王双飞教授作为第一完成人的项目“造纸与发酵典型废水资源化和超低排放关键技术及应用”获2016年度国家科技进步奖二等奖。

以后造纸厂都可以用这种技术来净化排放的污水吗?

是的。这种技术解决了造纸发酵废水排放量大、难处理、成本高等问题!

王双飞教授等人的发明共获专利136项，其中发明专利30项。

我们要向他们学习，潜心做一项小发明。

哇，有这么多项专利。

方法发明

方法发明，是指为制造产品或者解决某个技术问题而创造的操作方法和工艺流程。

（二）实用新型专利

实用新型专利又称小发明或小专利，是指对产品的形状、构造或者其结合所提出的适于实用的新的技术方案。

实用新型专利是关于产品的形状和构造的发明，不是方法的发明。

（三）外观设计专利

我国专利法第二条中对外观设计的定义是：“外观设计是指对产品的形状、图案或者其结合以及色彩与形状、图案的结合所做出的富有美感并适于工业应用的新设计。”

可见，外观设计专利应当符合以下要求：

1. 是形状、图案、色彩或者其结合的设计。

2. 必须是对产品的外表所做的设计。

3. 必须富有美感。

4. 必须是适于工业上的应用。

科教授，服装、鞋子的设计是外观设计专利吗？

实用新型专利也有形状的设计，它和外观设计专利有区别吗？

是的，外观设计专利是大家最常见的，包括汽车的外形，手机、冰箱、洗衣机、自行车等外观设计。

当然有区别的，外观设计专利强调的是美感，能否吸引消费者，而实用新型专利强调的是技术效果，能产生技术进步。

科教授，我想学着设计文具——几个卡通笔头，写字写累了换着用来开心一下。

有创意！当年各式各样的冰箱贴刚设计出来，很是吸引旅游者，引起强烈的购买欲。

这一款圆珠笔是爷爷在美国塞班岛购买的。你们看，有塞班岛图形，色彩艳丽。这些产品外形设计新颖、好看，而不强调有什么技术效果。

三、专利有什么特点

专利具有三个重要的特点，即独占性、地域性和时间性。

专利的独占性

专利的独占性也叫排他性、垄断性、专有性。任何人和单位要使用他人的专利，除法律另有规定的以外，必须得到专利权人的许可，并按双方协议支付许可使用费，否则就是侵权。

案例小讨论1

“好洁雅”酷似“好媳妇”被判停止侵权

同学们，专利的独占性难理解吗？

不难。专利的独占性主要含义是排他性、垄断性、专有性。

是的，这是要点。曾经有一个体工商户龚某销售的“好洁雅”牌拖把的胶棉头包装盒，与广州市好媳妇日用品有限公司“好媳妇”拖把的外观设计看上去极为相似。

那“好媳妇”外观有没有申请专利？

当然有。“好媳妇”公司已依法取得“地拖纸托包装（2）”外观设计专利的独占实施使用权。

那么个体户就侵权了。

是的。“好媳妇”公司将龚某诉至法院。柳州市中级人民法院审理认为，被诉侵权设计已经落入外观设计专利的保护范围，“好洁雅”牌相似的外观设计，容易使普通消费者在视觉上产生混淆，构成侵权，判决龚某立即停止侵权。

专利的地域性

专利的地域性是指一个国家或地区所授予的专利权只在该国家或地区的范围内有效。申请了中国专利，只在中国范围有效。如果产品出国，专利权人希望在其他国家享有专利权，也要依照该国的法律申请该国的专利。

案例小讨论2

一项在许多国家申请了专利的发明

哎，专利的地域性让我想起最近在网上看到的一个美国人的一项发明在许多国家申请专利的事情。

这么折腾啊？

这不叫折腾，他受益可大啦！美国人哈罗德·兰斯伯格发明了静电喷漆工艺，在许多国家申请了专利，并取得了专利权。由于应用这项技术可节省近一半的油漆，而且产品着漆均匀、光洁美观，经报刊宣传后，很多国家的企业纷纷效仿。

那他怎么维权？

兰斯伯格以专利法为武器，在美国和其他许多国家提出专利侵权诉讼，追究侵权者的法律责任。由于有法律保护，他都胜诉了。

哇，专利权的地域性保护真厉害！

专利的时间性

专利的时间性是指专利权具有一定的时间限制，专利法规定了专利的保护期限。

我国专利法规定，发明专利权的保护期限是20年，实用新型专利权和外观设计专利权的保护期限是10年，均从申请日起计算。如果超过法定期限或者因为其他原因提前失效了，这项发明创造成果就不受《专利法》保护了，它所保护的发明创造就成为全社会的共同财富，任何人都可以自由使用。

专利类型	审查方式	获得授权时间	申请费用	保护期限	保护对象
发明专利	实质审查	较长	较高	最长（20年）	产品、方法
实用新型专利	形式审查	较短	较低	较短（10年）	产品
外观设计专利	形式审查	较短	较低	较短（10年）	产品

案例小讨论3

外观设计专利侵权纠纷

看了上面的表格，我们可以知道专利的类型不同，保护期限也不同。

发明专利保护期最长，有20年。

请科教授给我们介绍相关的侵权案例。

我曾看报道，好孩子儿童用品有限公司是其公司产品“婴儿推车的车架（1）”外观设计专利的专利权人，2009年1月申请，2010年1月获得专利授权。

外观有被别人模仿吗？

有啊。好孩子公司在市场上发现本省某公司没有经过他们的许可就生产和销售与好孩子婴儿推车外观专利类似的婴儿推车，好孩子公司把这家公司起诉至苏州市中级人民法院。

法院怎么判决的？

5. 缴纳申请费，除直接去专利局收费处、专利局代办处缴费外，还可通过银行或者邮局汇款缴纳申请费。

6. 专利局对申请进行审查，首先是初步审查。对于除了发明之外的专利申请——实用新型和外观设计专利申请，只要初审合格，则可授予专利，不合格的修改之后重新提交。对于发明专利，则需要先初步审查，合格之后，还要提出进行实质审查的请求，只有在实质审查合格之后，才能获得专利。

小资料

中小学生如何申请专利

根据《中华人民共和国专利法》第二十六条规定，申请发明或者实用新型专利的，应当提交请求书、说明书及其摘要和权利要求书等文件；第二十七条规定，申请外观设计专利的，应当提交请求书、该外观设计的图片或者照片以及对该外观设计的简要说明等文件。

中小学生的小发明最好申请实用新型专利。

所需的材料：小学生的身份证明（户口本），实用新型专利请求书，权利请求书，实用新型说明书（附图），一般在一年左右可以取得授权。

由于申请专利的过程比较复杂，需要全面细致地了解专利法。作为中小学生，很难独立完成专利申请工作。所以，建议委托专利代理机构帮助撰写申请文件、代办申请。

申请专利的技术方案，有图纸（原理图、示意图）即可，不用做出产品，只要在说明书中表达清楚，专业人员能够做出来就可以了。

五、获得专利权的三个条件

科教授，是不是所有的发明创造，只要申请就可以获得专利权？

不是的，要同时具备新颖性、创造性和实用性这三个条件，才有可能获得专利权。

新颖性：指发明在申请日之前，没有相同的技术方案在国内外出版物上刊登过，也没有同一发明创造在国内公开使用过，或者也没有同样的发明或者实用新型由他人向国家专利行政部门提出过申请并且记载在申请日以后公布的专利申请文件中。

因此，同学们要注意哦，如果自己有了发明，不要急于在申请专利前通过发表论文公开技术方案，或在各种展览会上展出新技术、新产品。一旦为公众所知，就会丧失新颖性。

创造性：指同申请日之前已有的技术相比，该发明有突出的实质性特点和显著的进步。

怎样才算有突出的实质性特点？

是指该发明同已有的技术相比不是简单的改头换面，而是具有一种或数种突出的新的特征，具有本质上的区别。

实用性：指发明创造提出的技术方案能够实际运用，可以在工业上批量生产，并产生经济效益和积极的社会效益。

1. 科学发现。
2. 智力活动的规则与方法。
3. 疾病的诊断和治疗方法。
4. 动植物新品种。
5. 原子核变换方法获得的物质。

第三课　如何培养我们的发明创造性思维

一、什么是发明创造性思维

发明创造性思维是人类一种求新的、超常规的、无序发散的、综合立体的构思创新过程，也可以说是以新颖独创的方法解决问题的思维过程。

二、发明创造性思维的类型

发明创造性思维的类型归纳起来主要有发散性思维、联想性思维、选择性思维和逆向性思维。

知识链接

四种发明创造性思维

1. 发散性思维。发散性思维的特点是从给定的已知信息出发，向四周辐射，探求更多的创新信息，得到众多的新的技术解决方案的思维过程。

2. 联想性思维。联想性思维的特点是从已知的信息中通过类比、由表及里、组合等方式产生新的技术解决方案的思维过程。

3. 选择性思维。选择性思维的特点是人们从许多已知的技术方案中选择寻求更好的方法、工艺的技术解决方案的思维过程。

4. 逆向性思维。逆向性思维的特点是从人们常规思路逆向而行，克服人们的技术偏见，寻求新的技术解决方案的思维过程。

三、看看创造性思维与各类发明专利的对应关系

（一）发散性思维与应用发明专利

塑料是人类20世纪伟大的发明之一。由于它具有轻便、防水、原料来源广泛和成本低廉等特点，人们利用发散思维，发挥丰富的想象力，搞出了一系列的应用发明。比如塑料桶、塑料盆、塑料鞋、塑料雨衣、塑料伞、塑料盒、塑料杯、塑料椅和塑料桌子等。

（二）联想性思维与组合发明专利

我们再看联想性思维与组合发明专利的联系。

拉链也是人类20世纪伟大的发明之一。它有开合方便、加工简捷、美观耐用等特点。

人们充分发挥联想性组合思维，把它与现实生产、生活中的许多东西进行组合发明，生产出拉链衣服、拉链鞋、拉链箱、拉链钱包和拉链背包等产品。

（三）选择性思维与方法发明专利

我们再来看选择性思维与方法发明专利的联系。有哪位同学用过药用牙膏？

我家都是用云南白药牙膏。

我家喜欢用两面针牙膏。

我家用田七牙膏。

它们就是人们通过选择性思维方法，将各种中草药的药用效果选择性地用于牙膏配方工艺中生产出的药用牙膏。

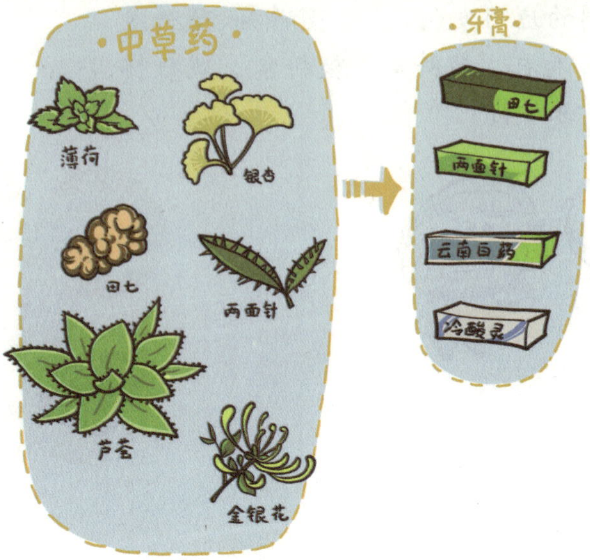

（四）逆向性思维与克服技术偏见发明专利

最后，我们来看逆向性思维与克服技术偏见发明专利的联系。给动物做记号的液氮冷冻技术也是人类20世纪的伟大发明之一，人们利用逆向性思维方式，为它寻找到新的用途发明。

逆向性思维，感觉难理解。

比如桂林茶叶科学研究所发明的珍珠茶制作新工艺，就是利用这种冷冻新技术让茶叶在快速冷冻过程中细胞壁破碎，使茶水冲泡效果更充分更好喝，但又不影响茶水的观感。

哦，明白。

点赞！

小资料

广西发明创造成果展览交易会

广西发明创造成果展览交易会由广西壮族自治区人民政府主办，设区市人民政府、广西壮族自治区科技厅、广西壮族自治区知识产权局承办。第一届广西发明创造成果展览交易会于 2012 年 10 月 29 日—11 月 1 日在南宁举行。

广西发明创造成果展览交易会以“推动全民发明创造，促进产业优化升级”为活动主题，具有规格高、规模大、活动内容丰富的特点，是广西规模最大、规格最高的一次发明创造盛会。除了有发明创造成果展览展示之外，还将举行发明创造成果（专利技术）推介和对接洽谈会、专利发展报告会、专利拍卖会、项目签约、总结表彰等活动。还安排适合老百姓日常生活需要的产品参展、销售，中小学生发明创造成果展示交流等，提高公众参与度。

广西发明创造成果展览交易会具有高水平的评比奖励，交易会设有组织奖、项目奖（分金奖和银奖）、传统手工业创新成果奖、中小学生发明创造特别奖等四类奖项，其中，项目金、银奖的评选，是基于权属明确的发明专利，体现了参展项目的高质量和高水平。

例一

一个中学生与爬壁机器人

“我将自己的创新作品提交专利申请，并已经获得了授权。”2016 年，南宁市第二中学高三年级学生黄万款兴奋地说。

黄万款同学从小就对科技创新十分感兴趣。上中学后，他在学校的科学工作室里获得了更多创新实践的机会。兴趣的火焰一被点燃就一发不可收！在翻阅、查找大量资料后及在杨杰老师的帮助下，黄万款一步步完成了准备材料、硬件组装、软件编程等工作。终于，他的作品“磁吸附式爬壁机器人”于 2015 年 10 月 23 日在第五届广西发明创造成果展览交易会上获得了“中小学生发明创造特别奖”。据此提交的专利申请也已获得了授权。现在，已经有不少企业主动联系学校，希望对该专利进行转化运用。

例二

智能路灯

南宁市逸夫小学伍泓宇、雷智泉发明的“智能路灯”获得第六届广西发明创造成果展览交易会中小学生发明创造特别奖。辅导教师：陆俊达。

大多数路灯只有照明的作用，还有少数路灯增加了节能的功能。“智能路灯”在照明、节能的作用上增加交通流量测试的功能并做全新的考虑。

伍泓宇、雷智泉发明的“智能路灯”设计的方案是：(1) 通过路灯颜色的变化，提醒交通流量情况。当交通拥堵时，路灯将自动调整为红色光，提醒后方车辆提前绕行，减少拥堵。(2) 通过自动调整路灯的亮度，达到节能减排的作用。让路灯可以根据行人和车辆通过的情况调节亮度，尤其是在有人通过时亮，无人通过时亮度降低到 10%~20%。(3) 通过太阳能电池板发电，起到能源转化、节能的作用。太阳能电池板作为路灯的灯罩，所发的电用于控制电路达到前面两个作用的效果。

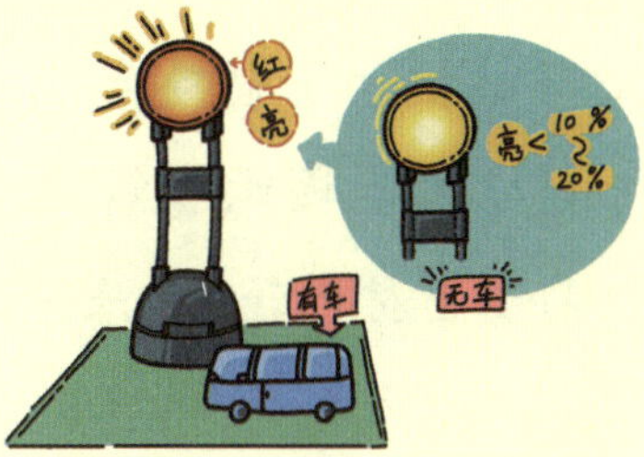

伍泓宇、雷智泉和他们发明的智能路灯

例三

延展式氧气救生圈

由南宁市北湖路小学骆康洲发明的“延展式氧气救生圈”获得第六届广西发明创造成果展览交易会中小学生发明创造特别奖。指导老师：梁强。

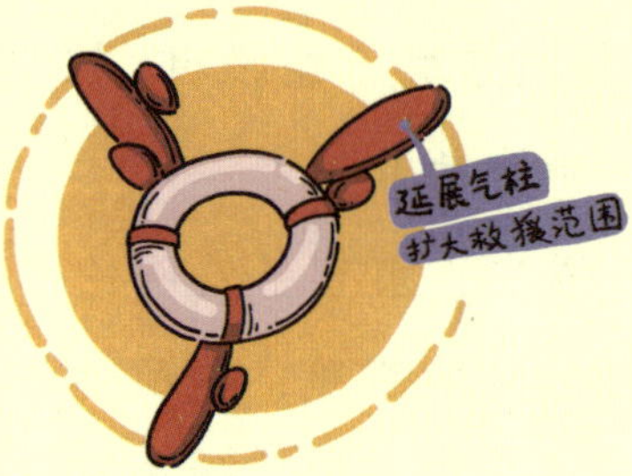

骆康洲（中）和他的延展式氧气救生圈

作品介绍：为了增加救生圈投掷成功率，减少救援时间，及时为溺水者提供氧气供应。设计者利用可控气阀与气柱、氧气罐等轻便材料制作了延展式的氧气救生圈。作品内置氧气罐，以管道连接救生圈内置气柱，通过牛筋防水导电拉绳控制气柱充气时机，延伸的气柱扩大了救援范围，避免了投掷偏差带来的不良后果，同时也增加救生圈承载能力。内置氧气罐可为溺水者提供紧急输氧。作品使用材料轻便，采用内置设计使得救生圈体积、质量、外观均不受影响，开启气柱后性能、外观才发生改变，无经验人士亦可使用，作品可重复使用，故可广泛适用于所有救生圈原场所。

课后小练习

1. 发明是发明人的一种思想，能在实践中解决技术领域的某一特定问题。

你能列出你身边听过见过的发明吗？

2. 我国专利法规定了发明的专利种类有发明专利、________________和外观设计专利。如果你有了发明你会申请专利吗？为什么？

3. 获得专利，必须同时具备________________、创造性和实用性三个条件。

4. 发明创造性思维主要有发散性思维、______________、选择性思维和逆向性思维。

（答案见本单元末）

互动园地

发明创造性思维的畅想与行动

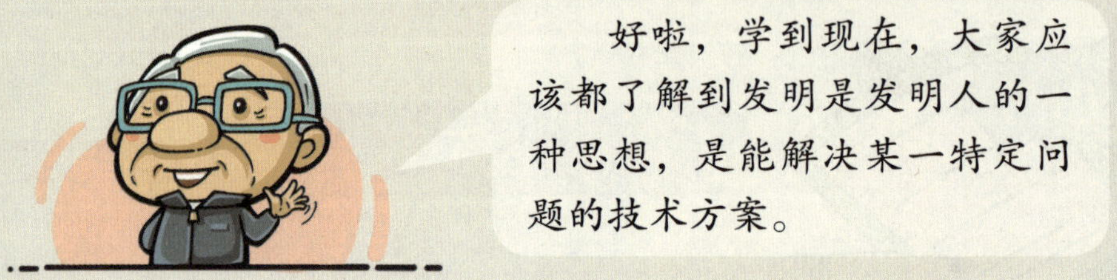

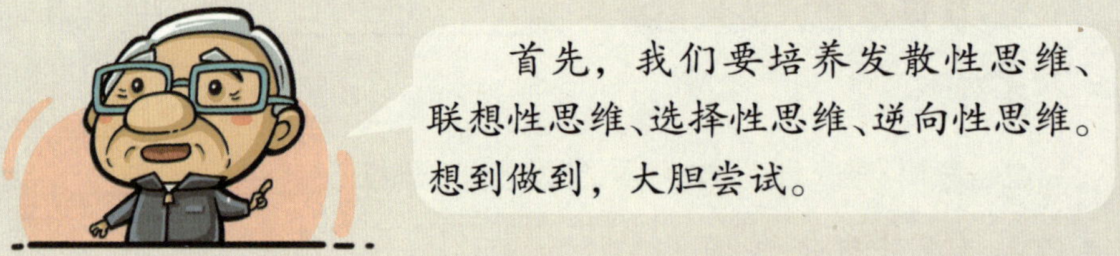

互动园地

1. 以塑料发明为信息源，运用发散性思维方法，畅想应用发明。

科教授，我们把塑料材料熔融后再利用一种工艺做一个新的产品，算不算发明？

算的，这属于应用发明，是将已知的材料、工艺和设备用于一种新用途的应用发明。

对了，塑料可以电绝缘，可以应用它发明电绝缘开关、插头、塑料包皮电线、工具手柄……

塑料还可以绝热，而且轻巧、透明，可以应用发明汽车照明灯外壳、洗衣机外壳、电饭煲外壳、电水壶外壳等。

互动园地

2. 以半导体元器件发明为信息源，运用联想性思维方法，畅想组合发明。

互动园地

如果有太阳能汽车、太阳能飞机、太阳能电单车和太阳能手表，那该多好啊！

其实都有了，只是由于成本高等问题，所以目前没有大量生产，但在不久的将来，我相信它们会走进每个家庭。

我们现在用的计算机、电视机、手机、照相机等家电产品是不是半导体元器件的组合发明产品？

是的。它们是人们利用半导体可整流、功率放大、可小型化、可高度集成化等物理特性，与现有成熟技术组合而开发出的新产品。

互动园地

3. 以沐浴露为信息源，运用选择性思维，畅想方法、工艺发明。

互动园地

4. 利用逆向性思维，畅想克服技术偏见的发明。

小实践1

获得外观设计专利的三个条件

这里有制作冰箱贴的磁条和双面胶，请你们开动脑筋，设计出具有广西特色的冰箱贴。

桂林山水甲天下，我想把象鼻山的水月洞天做成3D图形冰箱贴。

果果同学的外观设计思路很好，结合了桂林的自然风光，宣传了桂林美丽的山水。

我想做铜鼓造型的立体冰箱贴。

季季同学的这个外观设计思想很有特色，铜鼓是壮乡珍贵的文化遗产，是广西的象征。这种冰箱贴定会受到大家的喜欢。

科教授，是不是所有的外观设计都可申请外观设计专利，我爸爸自己设计并雕刻了一件很漂亮的根雕，他可以申请外观设计专利吗？

小实践1

获得外观设计专利，必须同时具备三个条件。一是产品的外观造型、色彩必须具有新颖性；二是产品的外观设计必须具有特色和创造性；三是产品必须能在工业上批量生产、重复再现，具有实用性。

具备新颖性、创造性、实用性。

是的。你爸爸的根雕外观设计虽然具备了新颖性和创造性，但不能在工业上批量生产和重复再现，不具有实用性，所以不能申请外观设计专利。

哦。

小实践2

制作小椅子和小桌子

下面请同学们开动脑筋，运用组合发明和应用发明思维的方法，进行一项小发明小制作活动。将废弃的牛奶盒，运用组合发明思维方法，制作小椅子和小餐桌。

材料：废弃的空牛奶盒、双面胶、透明胶。

工具：小剪刀、美工刀。

一、小椅子的制作步骤

（一）准备工作

将若干空牛奶盒拆开，洗净晾干。

（二）制作（图示见下页）

1. 按图①剪开后，按图②所示三面做椅背，用双面胶先将椅背粘牢。

2. 按图③所示，把底部阴影部分用美工刀裁去。

3. 按图④所示，四面画虚线部分，用刀背在反面画线以便折叠，三等份向内折叠成四条方柱状椅腿，用双面胶将重叠部分粘牢。

4. 按图⑤所示做椅腿并封口。

5. 用双面胶将椅背、椅面、椅腿分别粘牢。

（三）加固

将另一空牛奶盒从 1 厘米处剪下底盖，用双面胶粘贴到椅面上，以加固椅面。同时从 1 厘米处剪下四个边角，用双面胶粘贴到椅腿，以加固四条腿。

小实践2

椅子的制作

（一）准备

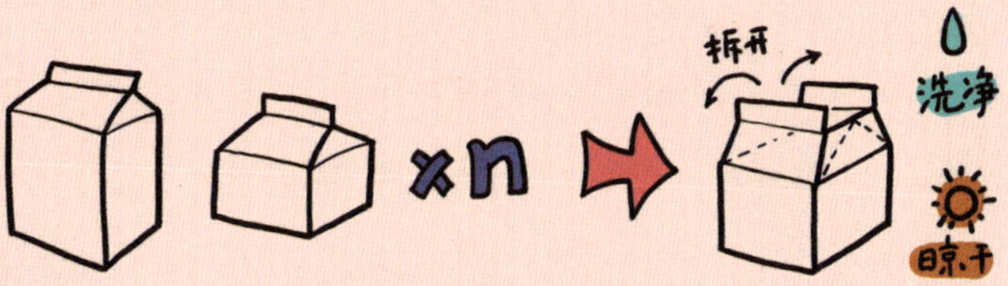

（二）制作

（三）加固

将另一个奶盒剪下底盖，粘贴到椅面，以加固椅面。

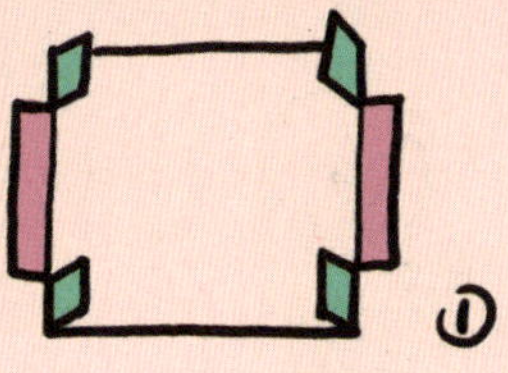

小实践2

二、小桌子制作步骤

1. 取四个备用空牛奶盒，底做桌面，腿做法同椅子。不同的是，每个牛奶盒只留一条 1.5 厘米宽的腿，底部同样封死。

2. 将四个一条腿的半成品用透明胶拼接起来就成了方桌，如果中间再增加两个同样 2 厘米宽的底盖，即成六个底盒组装起来的餐桌。

3. 同样，四条腿也需用边角料从内部加固，全部完工后再用透明胶将关键部位封牢。

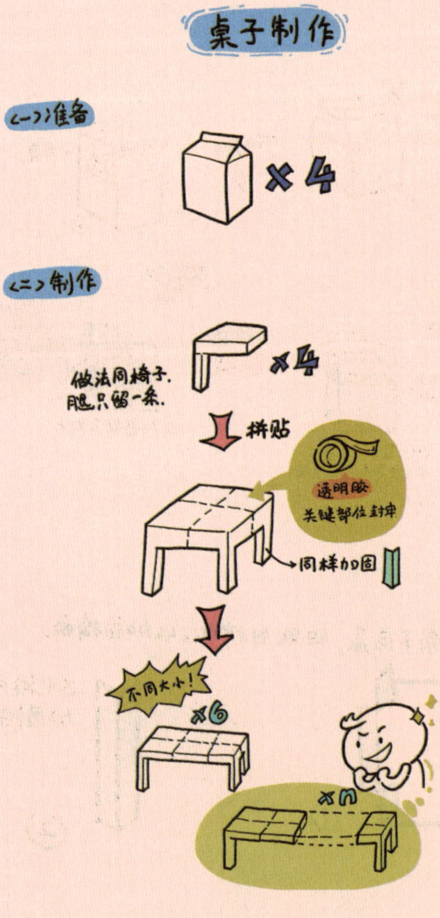

小实践2

小椅子和小桌子成品图

许多同学都做出来了。实践证明，中小学生是很聪明的，有发明、设计的潜能，完全可以参与到万众创新的活动中去。

有科教授的鼓励和指导，我们信心十足！

答案

【课后小练习】 2. 实用新型专利 3. 新颖性 4. 联想性思维

单元小结

发明是指对产品、方法或者改进所提出的新的技术方案，除了技术史上的开创性发明之外，多数为改进型发明，具体有组合发明、应用发明、选择发明和克服技术偏见的发明。

弄清发明与专利的关系：专利是从法律上对发明人的发明创造予以确认和强有力的保护；专利权具有独占性、时间性和地域性的特点。

我国专利类型有三种：发明专利、实用新型专利和外观设计专利。获得专利权需同时具备新颖性、创造性和实用性三个条件。

弄清发明创造性思维的概念及其主要类型，找出发散性思维、联想性思维、选择性思维和逆向性思维与各类发明专利的对应关系。

开设发明创造性思维的互动园地，学会小发明、小制作。

第三单元

我们一起聊聊
——商标知识知多少

第一课　商标

第二课　注册商标

欢迎科教授到我们学校给同学们传授知识产权知识！
绿城小
欢迎科教授！欢迎季季哥哥、智智哥哥！
校长、同学们好！今天我们一起来了解商标。

六(2)班
前面我们数身边“衣食住行用”的知识产权，大家也聊过印象中的商标。
是啊！
语文
我认为商标是一件商品的“身份证”。
LI-NING
McDonald's
看，我手上的语文课本右下方有人民教育出版社的logo。
商标在我们的生活中随处可见。

第一课　商标

一、什么是商标

商标是一种符号，是一种使用在具体商品上的符号，但并非所有使用在商品上的符号都是商标，只有当这种符号与特定商品联系在一起，让消费者可以由此识别出特定商品或服务的来源时，我们才叫它商标。

在我们的日常生活中随处可见很多商品或者服务提供者的“牌子”。

文具：中华牌铅笔、晨光文具、派克钢笔、英雄墨水等。

运动服装：耐克、李宁、匡威、阿迪达斯等。

日用品：两面针牙膏、蓝月亮洗衣液、白猫洗衣粉、思高拖把、六神香皂等。

家电：海尔彩电、格力空调、容声冰箱、华为手机、联想电脑等。

食品：麦当劳快餐、金龙鱼花生油、皇氏牛奶、南方黑芝麻糊、冰泉豆浆等。

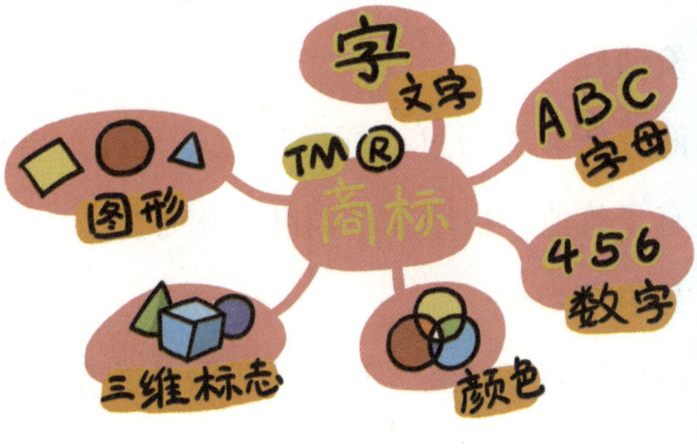

汽车：大众、奔驰、奇瑞、吉利、五菱等。

自行车：永久、凤凰、飞鸽、好孩子、捷安特等。

二、商标有哪些特征

商标具有以下特征：

显著性

既区别于具有叙述性、公知公用性质的标志，又区别于他人商品或服务的标志，从而便于消费者识别。

独占性

注册商标所有人对其商标享有专用权、独占权，未经注册商标所有人许可，他人不得擅自使用，否则，即构成侵权。

价值性

商标所有人通过商标的创意、设计、申请注册、广告宣传及使用，使商标具有了价值，也增加了商品的附加值。

竞争性

商标知名度越高，其商品或服务的竞争力就越强。

三、商标有多少种类

我国现在实施的《中华人民共和国商标法》是1982年颁布的。我国商标法把商标分为商品商标、服务商标、集体商标、证明商标四种基本类型。

商品商标

指用于商品的商标。比如“美的”“五菱汽车”“双钱牌龟苓膏”“华为”等。

服务商标

指提供服务的经营者为了将自己提供的服务与他人提供的服务区别开来而使用的标志。服务标志可用于保险、金融、电视、广告、建筑、通信、交通、教育等各类服务行业，如“中国银行”“中国移动”“顺丰速运”“环球雅思”等。

集体商标

指以团体、协会或者其他组织名义注册，供该组织成员在商事活动中使用，以表明使用者在该组织中的成员资格的标志。如沙县小吃、佛山陶瓷等。

证明商标

指能够证明商品达到一定品质质量标准的标志，又称“保证商标”。如绿色食品、龙井茶等。

商品商标

服务商标

集体商标

证明商标

我们常见的主要是商品商标和服务商标。
哦。

小讨论

商标有内涵吗?

商标除了漂亮的外观,还有内涵吗?
问得好！商标的设计包含经营者的企业文化内涵。
比如,我们来看中国南方航空的商标。
那朵红色的花很吸引人。
中国南方航空
CHINA SOUTHERN AIRLINES
有意思。
那是广州的市花——木棉花。木棉花象征着坦诚热情，代表公司的企业形象，寓意自己将始终以坦诚热情的态度为广大旅客、货主提供周到的航空运输服务。

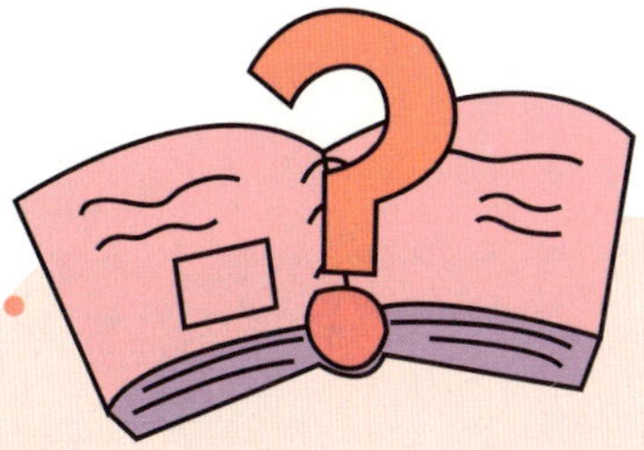

小讨论

还有，你们参观过中国－东盟博览会吗？来看看中国－东盟博览会的会徽。

去过呀。

这个会徽经常看见哦！

那朵漂亮的花和中英文图形就是中国－东盟博览会的标志吧？

是的，那是中国－东盟博览会的会徽。那朵绽开的花是依据南宁的市花——朱槿花的形象来设计的，11片美丽的花瓣，代表着美丽的中国和旖旎的东盟10国的绽放姿态。

一个logo蕴含丰富的文化。

再来看德国奔驰汽车的商标。

我感觉好酷！

这么简单能代表什么内涵啊？

奔驰的三叉星标志，被列入世界十大著名商标。它的三个尖角分别象征水、陆、空的机械化，这颗三叉星还象征着奔驰汽车公司向海陆空三个方向发展。

哇，商标内涵好丰富。我们长见识了！

小资料

中国-东盟博览会

中国－东盟博览会（CHINA-ASEAN Exposition 简称 CAEXPO）由中国国务院前总理温家宝倡议，由中国和东盟 10 国经贸主管部门及东盟秘书处共同主办，广西壮族自治区人民政府承办的国家级、国际性经贸交流盛会，每年在广西壮族自治区南宁举办。

中国－东盟博览会是中国境内由多国政府共办且长期在一地举办的展会之一。以展览为中心，同时开展多领域多层次的交流活动，搭建了中国与东盟交流合作的平台。

展会围绕降税、贸易便利化、投资自由化、扩大服务贸易、原产地规则等，传导中国－东盟自贸区为企业带来的商机，建立了双方在商务、交通、海关、质检、金融、科技、环保、人文等领域的协调机制，形成了公认的中国－东盟合作的“南宁渠道”。与东盟国家共同办好中国－东盟博览会、商务与投资峰会是广西参与“一带一路”倡议的重点工作之一。

2004年首届中国-东盟博览会盛况

四、商标的作用是什么

商标是促进生产，繁荣市场，参与国际市场竞争，维护生产者和消费者利益的一个有力工具。商标的主要作用有：

（1）标示来源。

通过商标，经营者可以让消费者同自己的商品或者服务联系起来，并将自己商品的信誉和名声集于商标，使商标产生“吸引力”。

（2）保证品质。

经营者为维护自己商标在消费者心目中的信誉，需要努力保证使用同一商标的商品达到同样的质量。

（3）广告宣传。

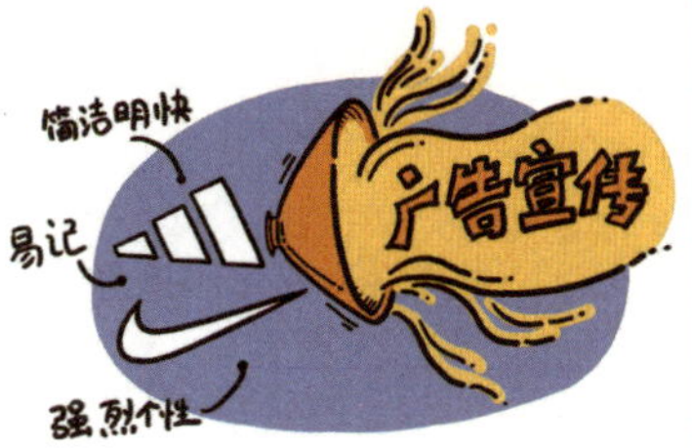

商标大多简洁明快，具有强烈个性与显著特征，以便于呼叫和记忆。因此，商标容易被消费者记住，成为商品最醒目的广告。

课后小练习1

1. 商标是一种________________，是一种使用在具体商品上的符号，但并非所有使用在商品上的符号都是商标，只有当这种________________联系在一起，让消费者可以由此识别出特定商品或服务的来源时，我们才叫它商标。

2. 你最喜欢的商标是：____________、____________、____________

3. 请连线如下商标与分类。

商品商标	镇江陈醋、佛山陶瓷、沙县小吃、镇湖苏绣
服务商标	绿色食品、纯羊毛、安溪铁观音、金华火腿
集体商标	晨光文具、双钱牌龟苓膏、格力空调、南南铝
证明商标	中国银行、新东方教育、顺丰速运、美团外卖

第二课 注册商标

一、什么是注册商标

注册商标，是指使用商标的单位或个人按照法定手续向商标局申请注册，经过审查予以核准注册的商标。注册商标享有专用权，受到法律保护。

未注册商标，是指未经商标局核准注册而直接在商品上或服务上使用的商标。未注册商标虽然可以使用，但没有商标专用权，不受法律保护。

知识链接

"®"和"TM"的区别

我们经常会在商标的右上角看到“®”或“TM”标志，两个都起提示性作用，区别在于：“R”是英文“register”（中文意思是“注册”）的缩写，是注册商标的含义。“TM”是英文“trade mark”（中文意思是“商业标记”）的缩写，意思是“商标”，表示未注册或正在申请注册过程中。

商业标记　TM

注册商标标识　®

二、注册商标的特点

1. 显著性。商标具有显著性的标志，既区别于具有叙述性、公知公用性质的标志，又区别于他人商品或服务的标志，从而便于消费者识别。

2. 独占性。注册商标所有人对其商标具有专用权、独占权。未经注册商标所有人许可，他人不得擅自使用，否则就构成侵权。

3. 价值性。商标通过商品或者服务，显示了其内在的价值。商标的知名度越高，价值就越高。

4. 时间性。指商标权在有效期限内才受法律保护，超过有效期限，商标权即终止，不再受法律保护。

5. 地域性。指按一国或地区所产生的商标权，只在该注册国或注册地范围内受法律保护，在其他国家或地区则不发生法律效力，不受法律保护。

知识链接

商标注册申请原则

自愿注册原则

自愿注册原则是指商标使用人是否申请商标注册取决于自己的意愿。我国规定了在极少数商品上使用的商标实行强制注册原则，目前必须使用注册商标的商品有烟草制品（包括卷烟、雪茄烟和有包装的烟丝），以及人用药品。

申请在先原则

申请在先原则是指两个或者两个以上的申请人，在同一种商品或者类似商品上，以相同或者近似的商标申请注册的，商标局受理最先提出的商标注册申请，对在后的商标注册申请予以驳回。

三、申请注册商标攻略

任何能够将自然人、法人或者其他组织的商品与他人的商品区别开的可视性标志，包括文字、图形、字母、数字、三维标志和颜色组合，以及上述要素的组合，均可以作为商标申请注册。

商标注册申请人要向国家商标局提交申请文件，还要指定该商标使用的类别和范围（必须按照一类商品一件商标一份申请的规定办理）。经过商标局审查，核准注册公告后，就可以拿到注册商标证书了。

商标注册申请的程序由申请、审查、初步审定并公告、核准注册四个环节组成。

国内的单位或个人进行商标注册申请，有两种途径：一是直接到国家商标局办理；二是委托国家认可的商标代理机构办理。

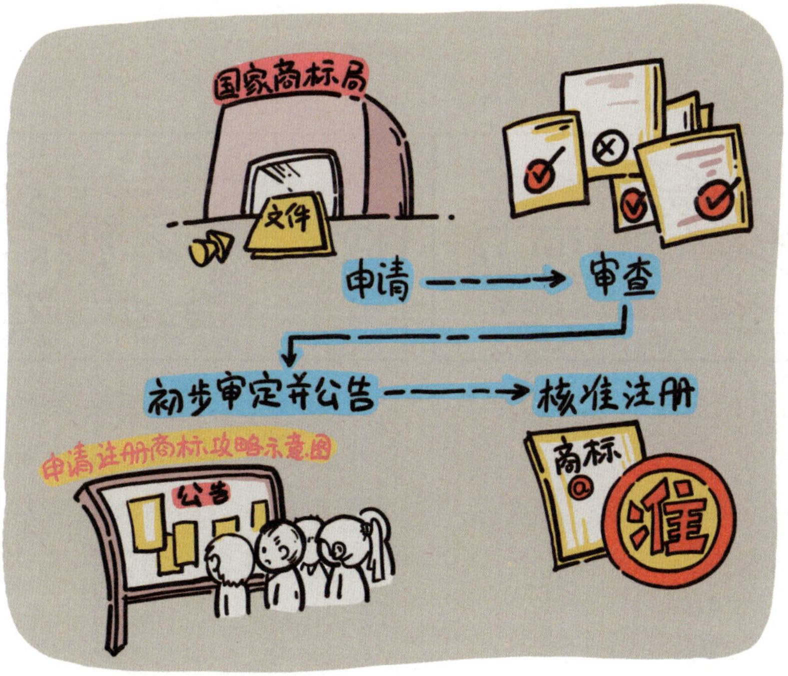

知识产权急诊室1

“胖萌儿云吞店”是否需要申请注册商标

1. 去年，果果的哥哥洲洲大学毕业后和他的两个大学同学一起创业，在南宁市明秀西路开了一家“胖萌儿云吞”店。

2. 成成和好几个同学还经常去吃，因为那里的云吞特别好吃。洲洲哥哥传承他们钦州老家做云吞的独特手艺，自己配肉馅，手擀面皮，慢火熬猪骨汤，那云吞味道真是鲜美啊！

3. 他们把店堂设计得很考究，还设计了一个“胖萌儿云吞”的可爱 logo，加上餐具标配，现在从早餐、中餐到宵夜，生意都很火。

4. 不久，就有三四拨人来店里找洲洲提出加盟。最近有一个外号“远来客”的阿叔还在店里和顾客说他准备在附近开一家“胖萌儿云吞”店哩！

知识产权急诊室1

大家帮诊断

我哥哥是不是得赶快申请注册商标？

那如果其他人抢先注册相同或相似的商标怎么办？

我国的商标法实行自愿申请注册原则。洲洲刚开始创业时没有考虑注册商标，现在他的云吞店受消费者欢迎，销路打开了，就应该考虑申请注册商标了。

有这个可能！我国是按照申请注册的时间先后来确定商标权归属的。

果果，赶紧让你哥哥申请“胖萌儿云吞”注册商标！

好，谢谢大家的建议，我今天回去就转告哥哥。怎么申请啊？

可以建议你哥哥看看申请注册商标攻略。

我建议采取第二种途径，这样更方便、省事。

是的。可以在我们当地找合适的代理机构，那里有专业法律服务人员，得到他们的专业指导，会提高商标注册申请的成功率。

商标注册后，商标权人是永久受到法律的保护吗？

成成问得好，商标权有效期是十年，可以在商标到期前一年办理商标续展。

小资料

注册商标应当在期满前多久内申请续展注册

1. 注册商标的有效期为十年，自核准注册之日起计算。

2. 注册商标有效期满，需要继续使用的，应当在期满前十二个月内申请续展注册；在此期间未能提出申请的，可以给予六个月的宽展期。宽展期满仍未提出申请的，注销其注册商标。

3. 每次续展注册的有效期为十年。续展注册经核准后，予以公告。

课后小练习2

1. 注册商标，是指使用商标的单位或个人按照______________向商标局申请注册，经过审查予以______________的商标。

2. 注册商标的特点有：显著性、____________、价值性、__________和地域性。

3. 请你为“胖萌儿云吞”申请注册商标。

（1）拟出一个简单的商标注册申请方案。

（2）“胖萌儿云吞”logo设计。

（3）准备商标设计元素和材料：

①中文名称，英文名称；②中文字体；③几何图形；④所用色彩。

（4）设计：根据洲洲及合作伙伴的经营理念及要求，以字体、漫画、色彩等元素组合设计“胖萌儿云吞”logo。

（答案见本单元末）

四、商标注册人的权利

商标注册人的权利主要是指对注册商标所享有的专用权，商标专用权包括以下四个方面。

1. 使用权：商标注册人有权在其注册商标核准使用的商品和服务上使用该商标，在相关的商业活动中使用该商标。

2. 许可使用权：商标注册人有权依照法律规定，通过签订商标使用许可合同的形式，许可他人使用其注册商标。

3. 独占权：商标注册人对其注册商标享有排他性的独占权利，其他任何人不得在相同或类似的商品或服务上擅自使用与注册商标相同或相似的商标，否则，就是侵权行为。

4. 转让权：商标注册人有权通过法定程序将其注册商标有偿或者无偿转让给他人。

知识链接

驰名商标与普通商标

“驰名商标”是国际通用的法律术语，指具有较高知名度和声誉的商标。与普通商标相比，驰名商标更容易被侵权，因此法律对其保护范围更广，力度更大。

中国驰名商标标志

中国驰名商标是指经过有权机关（国家工商总局商标局、商标评审委员会或人民法院）依照法律程序认定为“驰名商标”的商标。根据2014年7月3日国家工商行政管理总局令第66号修订公布的《驰名商标认定和保护规定》第二条，驰名商标是在中国为相关公众所熟知的商标。

根据2013年8月30日十二届全国人大常委会第四次会议审议并通过、自2014年5月1日起施行的《中华人民共和国商标法》第十四条规定，生产、经营者不得将“驰名商标”字样用于商品、商品包装或者容器上，或者用于广告宣传、展览以及其他商业活动中。

小故事1

“梦开始的地方”成为广西著名商标

1. 从2004年8月31日学校落成的那天开始，南宁市滨湖路小学就以“梦开始的地方”为主题举行了落成典礼，从此拉开了滨湖路小学的追梦历程。

2. 校长寄语：这里是梦开始的地方……每个孩子都有一个属于自己的梦，我们的责任是帮助孩子架起实现梦的桥梁，让孩子们的梦扬帆、起航……

3. 建校以来，滨湖路小学自觉树立品牌意识，积极实施品牌战略。2005年，学校将校徽和“梦开始的地方”作为一个组合，向国家工商行政管理总局商标局申请商标注册，同年在校园建了“梦源”作为标志性景点。

4. 2008年“梦开始的地方”获批为注册商标。学校制定了严格的商标使用、保护和管理规章制度。这一套商标组合被使用于竞赛、展览、表演、图书等方面。

5. 从2008年开始，南宁市滨湖路小学成为广西第一所拥有教育类注册商标的小学。南宁市滨湖路小学的学生对“梦开始的地方”商标很熟悉，也感到很自豪。

6. 2014年12月，经广西著名商标评审委员会评审确认，自治区工商局审核同意，“梦开始的地方”图文被认定为广西著名商标。

五、如何保护商标

在当今时代，知识产权越来越被社会认同，商标所蕴含的市场潜力是不可估量的。因此，对形成和使用的所有商标根据《中华人民共和国商标法》及时注册，使其成为受国家法律保护的注册商标，以保护商标的专用权是非常重要和十分必要的。

（一）什么是商标侵权

我国商标法第五十七条规定有下列行为之一的，均属侵犯注册商标专用权：

1. 未经商标注册人的许可，在同一种商品上使用与其注册商标相同或近似的商标的。

2. 销售侵犯注册商标专用权的商品的。

3. 伪造、擅自制造他人注册商标标识或者销售伪造、擅自制造的注册商标标识的。

4. 未经商标注册人同意，更换其注册商标并将该更换商标的商品又投入市场的。

5. 给他人的注册商标专用权造成其他损害的。

知识产权急诊室2

“王大娘凉茶铺”可以改为“王老吉凉茶铺”吗?

有个事例急求科教授帮诊断。我邻居王大娘开了一家“王大娘凉茶铺”。今年夏天，她配制了一款清甜解渴的凉茶，取名“暑天乐”凉茶。“暑天乐”很好卖，每天都有很多人来喝。附近建筑工地的工头“老愣”和他的工友是常客，“老愣”夸这种凉茶解暑功效十分好，他给王大娘出主意，要王大娘将“王大娘凉茶铺”改名为“王老吉凉茶铺”，“老愣”还说，这样一定会让生意更火爆呢!

王大娘有什么反应?

王大娘动心了。我放学时她总是追着我帮她下载“王老吉”的图案，说要拿去喷绘呢。我一直觉得不妥，现在学了商标保护知识更加觉得不能这样做。科教授，您说是吗?

不能改为“王老吉凉茶铺”。因为“王老吉”是注册商标，如果王大娘私自在自己的凉茶上使用“王老吉”商标，就侵犯了“王老吉”商标权人的商标独占权，属侵权行为。

（二）如何保护注册商标的专用权

如发现假冒、侵权行为，应及时处理。根据我国具体现实情况，可以采取下列方式保护注册商标专用权。

1. 当事人协商解决，要求对方停止侵害并且赔偿损失。

2. 请求工商行政管理部门依法处理。工商行政管理部门对商标注册人投诉立案后，认定侵权行为成立的，责令侵权人立即停止侵权行为，并处以罚款。对涉嫌构成犯罪的侵权案件，移送司法机关追究侵权人刑事责任。

3. 不愿协商或协商不成的，商标注册人还可以依照《中华人民共和国民事诉讼法》向人民法院起诉。

案例小讨论

“榜样”商标侵权纠纷案

我给你们讲一个案例：广西新榜样广告公司是“榜样”商标的注册商标专用权人，使用范围为广告等。该公司发现德保某广告公司的户外广告牌使用了包含“榜样”文字的商标等进行户外广告宣传，认为侵犯了其注册商标专用权诉至法院。

后来法院受理没有？

受理了。法院一审驳回其诉讼请求。二审认为，被控侵权商标明显突出以“榜样”文字作为商标主要组成部分，易使相关公众产生误认，侵害了原告“榜样”注册商标专用权，改判被告停止使用被控侵权标识、规范使用企业名称及赔偿经济损失。

侵权要付出代价哦！

这个案例是广西高院发布的2014年度知识产权司法审判十大典型案例中的一个案例。

法律维护了注册商标专用权人的权利。

小讨论

山寨货“傍名牌”

1．昨天晚上，我妈妈到社区超市买了几包“康师傅”方便面，回到家仔细一看，竟是“康帅博”方便面！她感觉自己上当了。

2．我们前面谈到，注册商标具有价值性。商标的知名度越高，价值越高。一些企业为了追求市场效应，不在产品质量上下功夫，却在商标上大做文章，想方设法模仿名牌商标。

3．我想起来了！我也见过“特伦舒”模仿“特仑苏”。这些山寨货模仿得“惟妙惟肖”，我同学就买过山寨“特仑苏”。

4．还有不少，如“旺子”模仿“旺仔”，“冰动”“激动”“咏动”模仿“脉动”。

山寨货“傍名牌”

5. 果果：真的好像啊！

成成：考我的眼力哦！

6. 山寨货“傍名牌”意在混淆视听，搭名牌产品顺风车，借名牌的名气忽悠消费者，这种行为不利于市场健康发展。

7. 科教授，对于山寨货“傍名牌”的行为有什么法律约束吗？

8. 当然有的。山寨货“傍名牌”的行为违背了市场经济公平竞争法则，违反了《中华人民共和国反不正当竞争法》《中华人民共和国商标法》。对违法经营，执法部门可依据法律条款进行处罚。

六、品牌的作用

（一）商标与品牌

商标是品牌的前提，但是商标并不等于品牌。品牌需要得到消费者的认可，是商品的质量和信誉的保证，它不仅代表着商品的品质和特色，还代表着企业的经营特长、管理水准、市场形象和企业文化。

从商标到品牌，是商品价值的积累过程，也是企业在市场竞争中不断发展、不断创新的过程。每个品牌的形成，都凝结着企业创业、奋斗的艰苦过程。

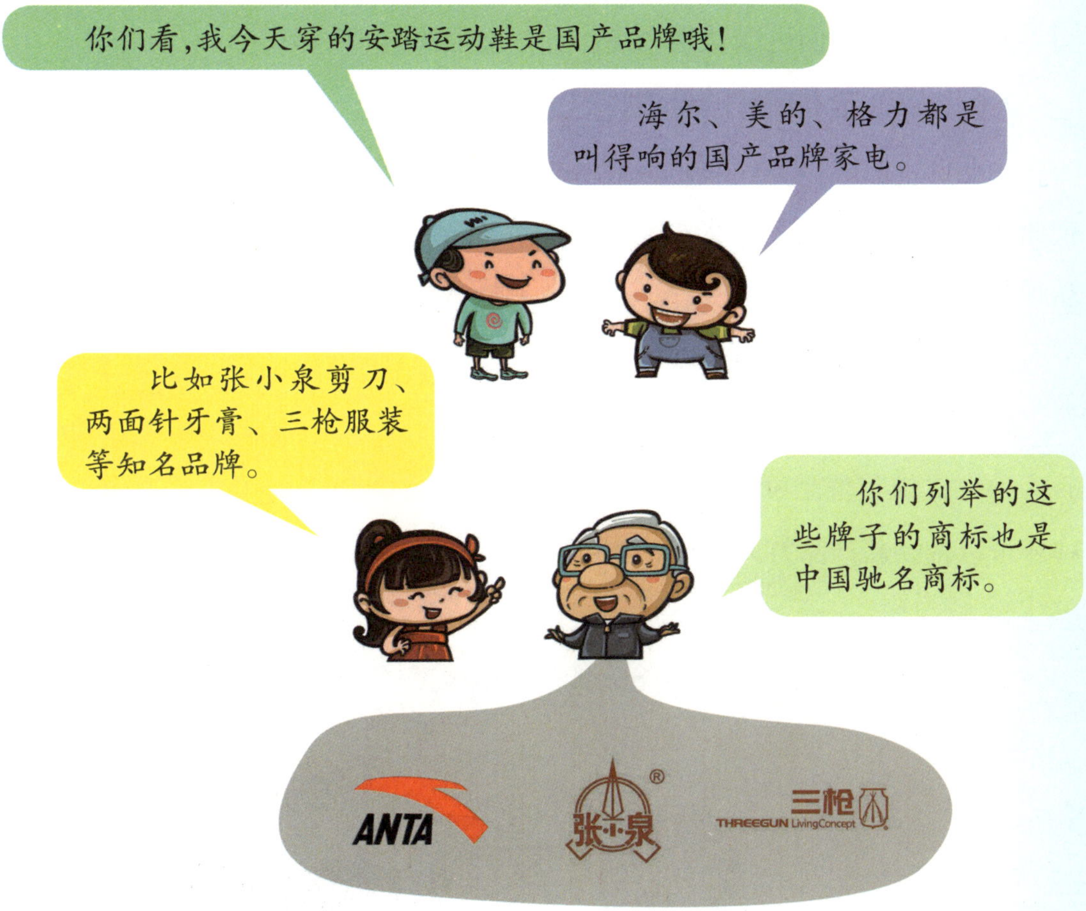

（二）品牌的作用

1. 品牌是识别商品的标志。

品牌的首要功能是方便消费者进行产品选择，缩短消费者的购买决策时间。通过品牌，人们可以认知产品，并依据品牌选择购买。

2. 品牌是质量和信誉的保证。

企业设计品牌、创立品牌、培养品牌的目的是希望品牌能成为名牌。因此，企业注重抓好产品质量，做好售后服务，希望逐步把品牌培育成名牌。知名品牌是企业信誉的保证。

3. 品牌是企业竞争的武器。

品牌能使用户形成一定的信任度、追随度。因此，当使用在某种商品上的品牌也提供其他品种的商品时，消费者通常也会相当信赖，乐于购买。品牌还可以带动新产品打入市场，帮助企业扩展新领域。

小故事2

上汽通用五菱之“五菱之光”

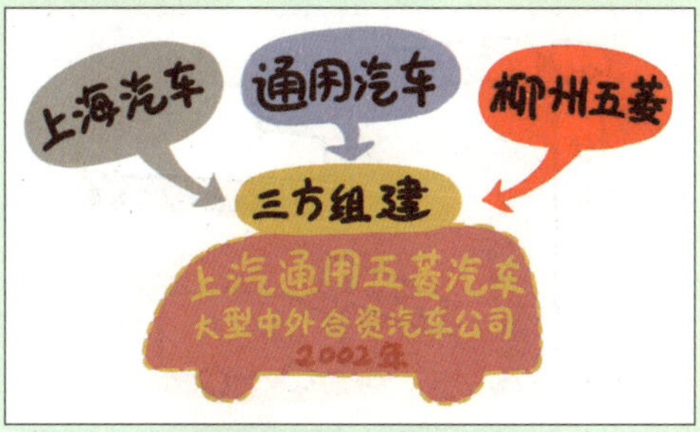

1. 2002年11月18日正式挂牌成立的上汽通用五菱汽车股份有限公司，是由上海汽车集团股份有限公司、通用汽车（中国）投资有限公司、柳州五菱汽车有限责任公司三方共同组建的大型中外合资汽车公司。

2. 五菱汽车品牌诞生于1985年，是企业“艰苦创业，自强不息”精神的体现，现已经成为中国汽车行业最具价值的品牌之一。2014年，上汽通用五菱的“五菱”文字和图形注册商标同时被国家工商行政管理总局商标局授予“中国驰名商标”。

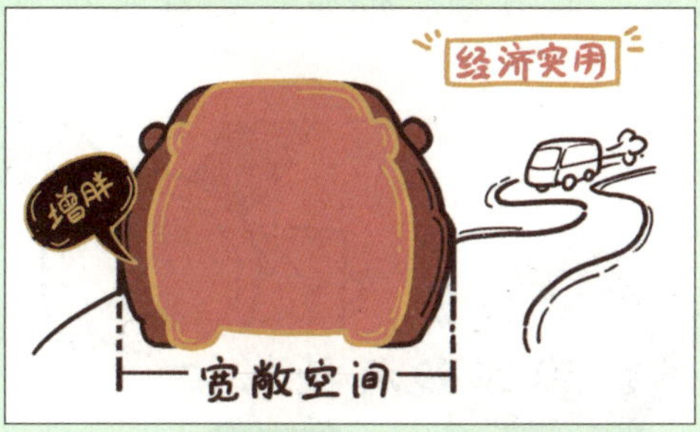

3. “五菱之光”是柳州五菱自主开发的符合国际安全与环保标准、具有高技术和高品质的微型车，于2003年上市。它经济实用，拥有宽敞的车内空间。

4. 在2010年5月版的福布斯杂志封面，四行英文大标题十分醒目：“世界上最重要的一款车”。封面下方另一行英文字却很小：“中国五菱之光能拯救GM吗？”（注：美国通用汽车公司简称GM）这款车怎会引起福布斯杂志关注呢？谜底一层层揭开——“五菱之光”高度凝聚了中国人的创新智慧。

小故事2

5. 借力攻关，勇闯创新路。上汽通用五菱与上海汽车、美国通用汽车、湖南大学、上海交通大学以及泛亚技术中心等企业、高校广泛合作，组成多个课题组，先后攻克破解了多项技术难关，从中催生出多项发明专利。

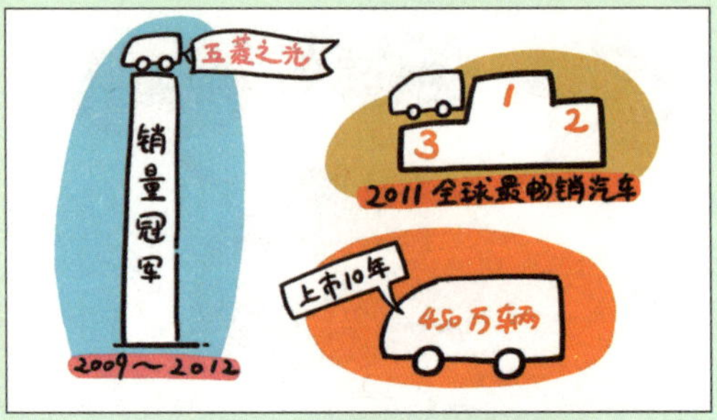

6.2002 年 11 月，“五菱之光”下线，第二年全面上市并迅速蹿红，成为中国第一款年销量突破 40 万辆车型。2009 年起连续 4 年荣登国内微车销量冠军宝座，位居 2011 年度全球最畅销汽车排行榜前三。上市 10 年，五菱之光市场保有量超过 450 万辆，创下中国汽车行业传奇。

7.“五菱之光”是一款低端系列微型车，定位中国二三线城市和广大农村，售价两三万元，除了拉人，还能拉电器、甘蔗，油耗低、跑得稳，皮实而性价比高，车友称为“朴素的劳动能手”“致富帮手”。

8.“五菱之光”的薄板冲压工艺与模具设计理论、计算方法和关键技术及在车身制造中的应用，获 2002 年度国家科学技术进步一等奖；汽车碰撞安全性设计与改进理论、方法及关键技术，获 2004 年度国家科学技术进步二等奖。

小故事3

柴油发动机——YC6L

1.2016年，广西玉柴机器集团有限公司使用在商标注册用商品和服务国际分类第7类柴油机、汽油机商品上的“玉柴YUCHAI及图案”注册商标通过国家工商总局商标局的中国驰名商标认定。

2.2008年8月8日20时，万众欢呼声中，来自广西的体操王子李宁高举火炬在空中漫步，点燃了北京奥运会主火炬，在这举世瞩目的辉煌一刻，亿万中国人心潮澎湃，广西人为李宁备感自豪！

3.那时为奥运会欢快跳动的，还有来自广西的另一片火热的“心”——北京奥运会期间，2000多辆安装了“YC6L柴油发动机”（以下简称“YC6L”）的车辆，承载着绿色奥运的光荣与梦想，飞奔在北京城的大街小巷，迎来送往。

4.接着在2009年哈尔滨第24届世界大学生冬运会，2010年上海世博会、广州亚运会，2011年深圳第26届世界大学生夏季运动会，2013年、2014年全国“两会”，风雨无阻的一列列专车队伍中，都跳动着成百上千颗炽热的“玉柴心”——YC6L。YC6L是几代玉柴人奋发图强、自主研发的中国“绿色引擎”。

小故事3

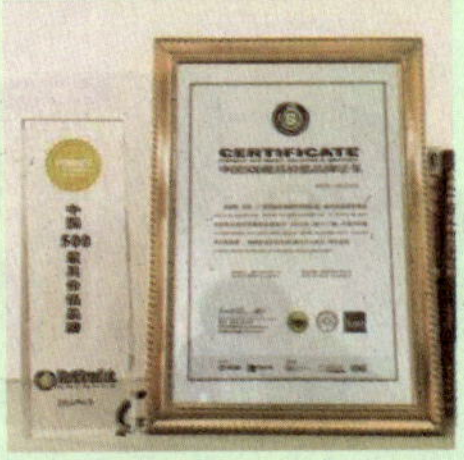

玉柴获中国500最具价值品牌证书

YC6L-50 柴油发动机

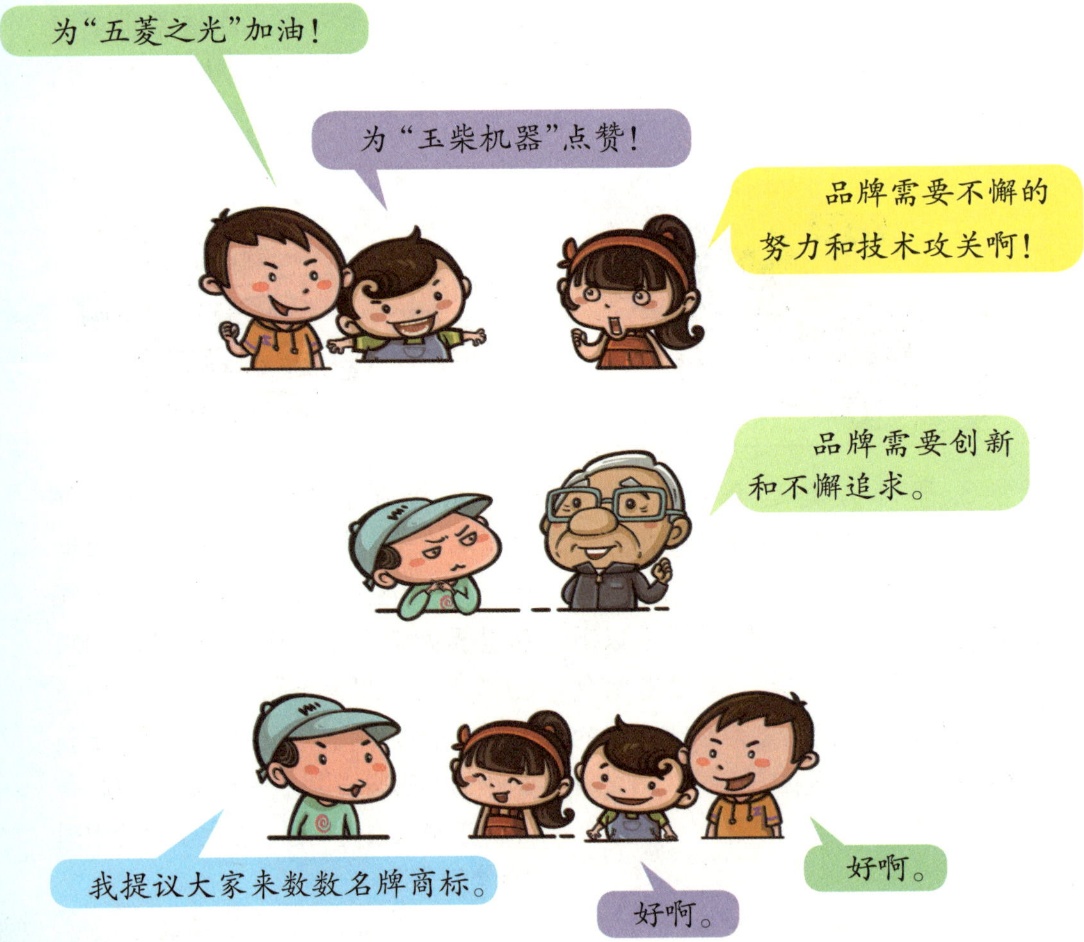

国外我知道的有苹果手机、奔驰汽车、麦当劳、索尼彩电、佳能相机。

中国的有娃哈哈、格力电器、五粮液。

还有同仁堂、美的、茅台、华为、海尔电器，等等。

广西的有五菱汽车、柳工机械、两面针牙膏、漓泉啤酒、西瓜霜润喉片。

有柳州钢铁、玉柴机器、南方黑芝麻糊、南南铝，等等。

你们能轻松列举这么多品牌商标，真了不起。这些企业的产品和服务都是经过多年努力才得到市场认可的。

今天学习商标真过瘾。
我知道商标除了漂亮的图案还有内涵。
我知道什么是注册商标。
还有驰名商标，我还了解到从商标到品牌是一个商业价值的积累过程。
ICBC
工商银行
361°
M
绿城饭店
H&M
BANK
晨光
同学们联系实际学习，都有体会、有收获，我很高兴。
谢谢科教授！

互动园地

跟着成成当一回企业家，相信你也很棒

1.通过对商标知识与企业品牌的学习，成成似乎已经爱上了企业家这个职业。他把梦想锁定在创建生态园，挖掘家乡的水果、茶叶等生态资源上，立志把它们培育成地理标志性品牌产品，让它们走出广西，走向世界。

2.暑期刚开始，成成看到广西科技馆网站发布了组织青少年开展“学做知名企业家”的探索体验活动，就立即报了名，还动员同学悦悦也一起报名。成成计划运用所学知识好好尝试一把。

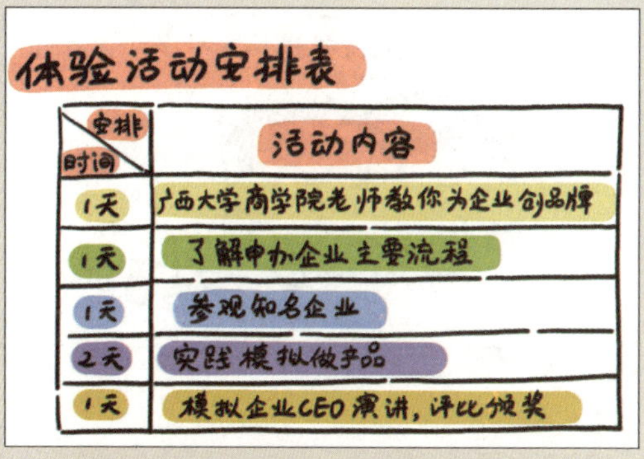

安排 时间	活动内容
1天	广西大学商学院老师教你为企业创品牌
1天	了解申办企业主要流程
1天	参观知名企业
2天	实践模拟做产品
1天	模拟企业CEO演讲，评比颁奖

3.整个体验活动安排了6天。

4.成成和悦悦想创建生态园企业，并取名为“布泉生态农业公司”。两人白天在科技馆听课、参观，晚上学拟公司注册方案、设计商标、服务方案……忙得不亦乐乎。

互动园地

5. 成成说:“真过瘾!”悦悦说:“我学画画的本领终于派上了用场!看我设计的几个商标,酷不酷?”

6. 成成、悦悦听了知名企业家讲课后,思路得到拓展,他们设想以地理标志产品——田东香芒为拳头产品,做深度推广,带动其他产品的销售。悦悦想到代理爷爷家乡河池的富硒农产品——五谷杂粮,说一定很受消费者欢迎。

7. 模拟企业CEO演讲开始了!小伙伴们都不示弱,自创公司创意相当丰富。成成、悦悦的“布泉生态农业公司”因为准备充分,所提交的企业申办方案、商标设计方案被评为第一名。

8. 成成的“创品牌企业”演讲很精彩,被授予暑期“学做知名企业家”探索体验活动最佳企业家奖!成成说:“我要告诉科教授——我的梦想成真了!”

答案

课后小练习 1

1. 符号　符号与特定商品

3. 商品商标　　镇江陈醋、佛山陶瓷、沙县小吃、镇湖苏绣

   服务商标　　绿色食品、纯羊毛、安溪铁观音、金华火腿

   集体商标　　晨光文具、双钱牌龟苓膏、格力空调、南南铝

   证明商标　　中国银行、新东方教育、顺丰速运、美团外卖

课后小练习 2

1. 法定手续　核准注册

2. 独占性　时间性

单元小结

当一种符号与特定商品联系在一起，让消费者可以识别出特定商品或服务来源时，我们才叫它商标。

在我们日常学习生活中，处处都能接触到商标，通过学习和观察，了解商标和商标权，了解品牌商标是经过企业一代代人孜孜不倦地追求和不懈努力才得以形成的。自觉培养保护品牌和将来参与创造品牌的意识与社会责任。

通过本单元学习，我们对什么是商标和注册商标，商标的法律保护，品牌商标的形成及其价值魅力等知识加深了理解。

引导同学们多观察、勤思考、爱学习，从小有做精品、创品牌的意识。

第四单元

图书馆文化之旅
——了解创作与著作权

第一课　创作与著作权

第二课　著作权的运用与保护

第一课　创作与著作权

广西壮族自治区
图书馆
今天是星期六，图书馆好热闹哦！
同学们，今天来广西图书馆，让我们从读者的角度观察学习著作权好吗？
上个月的世界读书日那天，我和同学还来这里参加阅读专题讲座呢。
太好了！
科教授，您快快带领我们参观。
好。我们先进去看图书馆今天的活动安排。
快去看！

一、什么是著作权

著作权包含版权和邻接权，是指作者或者其他著作权人依法对其创作的文学、艺术和科学作品所享有的权利。著作权依作品创作而产生，包括人身权和财产权两大部分。

著作权是公民、法人依法享有的一种民事权利，属于无形财产权。我国著作权法对所保护的作品、著作权的具体内容等，有明确的规定。

知识链接

中华人民共和国著作权法

为保护文学、艺术和科学作品作者的著作权以及与著作权有关的权益，鼓励有益于社会主义精神文明、物质文明建设的作品的创作和传播，促进社会主义文化和科学事业的发展与繁荣，根据宪法制定《中华人民共和国著作权法》。1990年9月7日第七届全国人民代表大会常务委员会第十五次会议通过，1991年6月1日起施行。后来在实施过程中，我国的著作权法进行两次修正并经人大常委会审查通过，并于2010年4月1日正式施行《中华人民共和国著作权法》（修订本）。

二、什么是作品

我国著作权法所称的作品，是指文学、艺术和科学领域内具有独创性并能以某种有形形式复制的智力成果。

三、著作权保护哪些作品

我国著作权法保护下列形式的作品：

1. 文字作品。
2. 口述作品。
3. 音乐、戏剧、曲艺、舞蹈、杂技艺术作品。
4. 美术、建筑作品。
5. 摄影作品。
6. 电影作品和以类似摄制电影的方法创作的作品。
7. 工程设计图、产品设计图、地图、示意图等图形作品和模型作品。
8. 计算机软件。
9. 法律、行政法规规定的其他作品。

知识链接

我国著作权法规定不受保护的几类作品

根据我国著作权法的规定，有三种类型的作品不受或者不适用法律保护。

第一种是依法禁止出版、传播的作品，如淫秽作品、宣传封建迷信的作品等。

第二种是不适用于我国著作权法的作品。它们包括下列作品：

（1）法律、法规，国家的决议、决定、命令和其他具有立法、行政、司法性质的文件，及其官方正式译文；

（2）时事新闻；

（3）历法、通用数表、通用表格和公式。

第三种是超过了我国著作权法规定的保护期限的作品。

1. 在中文图书阅览厅的书架上，读者正在选取刚上架的新书、畅销书：大学生丘明正在看《人类简史》，刚参加工作的李宏在看《一生必读的35本智慧书》，几个中学生在看《宇宙大百科》，张大伯在看《太极内功》，女青年刘丽在看《甄嬛传》……

2. 在“八桂讲坛”，200多名中小学生和家长正在听我国著名的蒙古族作家格日勒其木格·黑鹤主讲的“童年在草原的我”讲座，黑鹤老师拿出他著的图书《生命的季节》并通过图片举例和音乐演示，让孩子们感受草原的风情，告诉孩子们文学和音乐一样优美动人。

3. 在影视厅里，正在播放由北京科学教育电影制片厂与广电总局电影频道节目制作中心联合摄制的科教影片《宇宙与人》，几十个中学生静静地观赏地球的诞生。生命的进化，感受宇宙伟大的史诗般的进程。

4. 书画厅里，20 多名中老年书画爱好者正在讨论自己的书画作品，交流创作体会，几个人挥毫泼墨，创作书法和中国画，兴致极高。

5. 在音乐厅里，“山歌好比春江水哎，不怕滩险湾又多……”广西歌舞剧院美声独唱演员春梅姐姐甜美的歌声吸引了许多中小学生和听众。接着，广西歌舞剧院美声独唱演员莹莹姐姐用中、英文演唱了一首脍炙人口的世界经

典名曲《友谊地久天长》，她还给听众讲述这首创作于18世纪的苏格兰民歌的背景故事。

6. 学术研讨室里，“非物质文化传承交流活动”正在进行，几十名老中青艺术家正在研讨“邕剧”的传承与发展（2008年6月7日，广西壮族自治区南宁市申报的“邕剧”经国务院批准列入第二批国家非物质文化遗产名录）。

小讨论

图书馆的文化活动与作品有关吗

刚才我们参观了几个主题活动，你们说这些活动内容里哪些与作品有什么关系？

黑鹤老师写的图书《生命的季节》是文字作品，黑鹤老师拥有它的版权。

我先说。中文图书阅览厅里的读者阅读的图书是文字作品。

影视厅播放的《宇宙与人》属电影作品。

音乐厅里，春梅姐姐、莹莹姐姐演唱的歌曲，是音乐作品。

你知道歌曲包含哪些知识产权吗？

词、曲都是作品，有著作权的。

科教授，学术研讨室研讨的“邕剧”是作品吗？

当然是。戏曲是戏剧的一种表现形式，“邕剧”是戏曲的剧种之一，属戏剧作品。

明白了。

书画厅那些即兴作画的中老年人，当他们完成了书画，他们就是那些书画的作者。

季季说得对。你们很聪明，善于观察。

四、有趣的作品创作

作品创作内涵是指创造以一定有形的形式表现出来的智力成果所要表达的主题思想和想法。

创作就是创造文学、艺术和科学作品的一种智力活动，它需要经过一种独特的构思过程，用一定的方法对收集好的素材进行加工整理，然后提炼出独特的感情与认识，形成特定形式的作品。这些作品包括小说、诗词、散文、论文、速记记录、数字游戏等文字作品；讲课、演说、布道等口语作品；配词或未配词的音乐作品；戏剧或音乐戏剧作品；哑剧和舞蹈艺术作品、绘画、书法、版画、雕塑、雕刻等美术作品；实用美术作品；建筑艺术作品；摄影艺术作品；电影作品；游戏作品；与地理、地形、建筑 、科学技术有关的示意图 、地图、设计图、草图和立体作品。

古往今来，人们创作的作品大大丰富了我们的文化世界，启迪了我们的智慧。随着对客观世界认识的程度越来越深，人们表达思想与情感的创作欲望越来越强烈，方式也越来越多样，很多作家对创作的坚持与创作经历本身就是一笔宝贵的财富。

音乐创作也是很有趣的。我老舅就很投入，他是歌舞剧院从事专业作曲的，家里聚会时常见他哼一些曲调出来。有时，他还会把哼出的曲调记录下来；有时，他会突然唱几句给你听。哈哈。

我在玩乐中也有创作收获。一次我和邻居哥哥下象棋，眼看要输了，我抓住哥哥得意的瞬间来一个反击，结果反败为胜。我把下棋的过程写成的作文《失败时不言放弃，永远坚持》被评为学校优秀作文。

我上书法兴趣班学书法也有故事。一个月反复写几个字，一个上午就写一笔画，学了两年后，我的《登鹳雀楼》书法作品在少儿图书馆举办的“暑期少儿书法作品评选”中获奖，我真高兴！

大家聊了一些自己作品创作的经历，那份乐趣只有经过创作过程才能体会。

小故事1

张大千画虾的故事

1. 张大千是20世纪中国画坛最具传奇色彩的国画大师，其诗、书、画与齐白石齐名，并称为“南张北齐”。20世纪50年代，张大千游历世界，获得巨大的国际声誉，被西方艺坛赞为“东方之笔”。

2. 一日，徐悲鸿请齐白石和张大千来家小聚，专门设宴热情款待。徐悲鸿的夫人廖静文厨艺精湛，深得齐白石的欢心。

3. 饭后，齐白石画性大发，绘制了一幅荷花图，以答谢廖静文亲自下厨的款待。廖静文见齐白石的荷花图画得如此动人，也怂恿张大千继续在画上再添几笔。

4. 于是，张大千起笔欲勾画几只小虾在荷花之下嬉戏。正在张大千绘画兴浓时，感觉有人小心拽拉他的衣袖，齐白石轻声告知他：“虾无论大小，实为六节。”听罢，张大千随即添上几笔水纹和水草，掩盖住小虾的节数。

小故事1

5. 事后，张大千买来几只活虾养在盆中仔细观察，果真不论大小，虾身只有六节。

6. 从此，每当张大千绘画新事物之前，定先会对新事物特性了解透彻，绝不轻率落笔。由此他总结出“作画要明白物理、体会物情、观察物态，这才算到了微妙的境界”的精辟论断。

哇，齐白石、张大千、徐悲鸿是20世纪我国著名画家。

好有趣，张大千画虾还会买活虾来仔细研究。

我看了“张大千画虾的故事”，收获是作画和写作要对事物对象有透彻的了解，不要轻率落笔。

说得好。

我最喜欢写文章，平时生活中看到想到的都会写下来。

故事1：一个山里的女孩最喜欢在冬天的晚上洗碗，因为贫穷，她想通过洗碗获得手面上一点点油腻的感觉。曹教授认为个人经验是想象力无法到达的而恰恰又是文学所需要的经验。他强调了个人艰辛的生活经验是文学的宝贵财富。

故事2：曹教授以自己的绘本作品《羽毛》讲述一根羽毛的寻找之旅，以此说明虚构让文学有了无限创造的可能性。

故事3：曹教授和大家分享他创作长篇儿童小说《火印》的经验。在回答一名小女孩“写出好作文有什么秘诀”的提问时，曹教授亲切地说：“写作是支箭，阅读是把弓。写好作文没有别的办法，只能是大量阅读。”曹教授说他在《火印》的创作中，脑海中就想到了“二战”期间的马，想到了萧红小说中的马，想到了一本介绍所有马匹的书，这些内容都呈现出来，就是得益于大量阅读。

我喜欢读叶圣陶、曹文轩、郑渊洁的书，很崇拜这些作家，以后要多阅读，多练笔！

说得好。创作是一种精神活动，是要动脑筋的，平时要注意观察生活，多写多练，一定会有收获。我们来看广西小作家黎宇航的创作经历。

小故事2

争当小作家

10岁少年出书，在广西乃至全国都不常见，玉林市少年黎宇航就做到了。黎宇航，1996年生，7岁开始文学创作，10岁出版《站在十岁的尾巴上》作文集，12岁出版作品集《爱比天高》，14岁出版长篇校园小说《那片灿烂的天空》，16岁出版长篇亲情小说《爱，无需注释》。至今著作作品180万字，出版作品60万字，多篇作品荣获全国文学大赛一等奖。他不仅热爱文学创作，而且学习优秀，2008年被推选为广西第五次少代会代表、广西第八届“十佳少先队员”。2009年，其文学成长之路被中国教育电视台报道。2010年被推荐为中国文联“朝霞工程”人才。2012年获准加入广西作家协会，年仅16岁，成为当时年龄最小的会员。目前黎宇航在读大学，即使学习任务繁重，但从未间断文学创作，最新作品集《遇见》已定稿。

黎宇航参加少代会

黎宇航赴东北采风

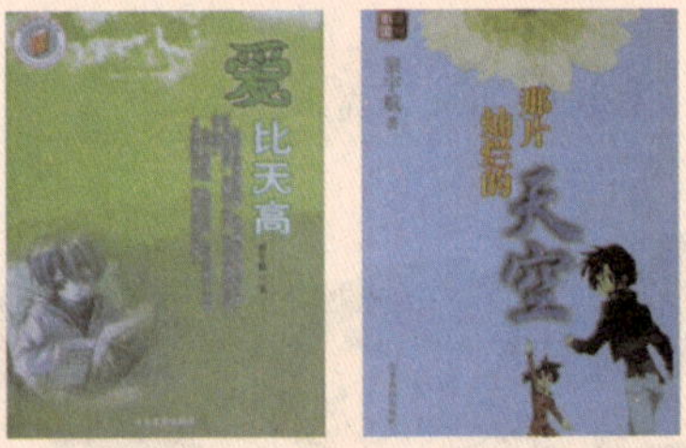

黎宇航已出版的部分作品

课后小练习1

1. 著作权包含版权和________，是指作者或者其他著作权人依法对其创作的文学、艺术和科学作品所享有的权利。

2. 我国著作权法所称的作品包括（　　　　）（多选题）。

A. 文学、艺术作品　　　　B. 自然科学作品

C. 社会科学作品　　　　D. 工程技术等作品

3. 请列举以下形式你最喜欢的作品。思考这些作品的创作背景和所表达的情感是什么。

文学作品：____________、____________、____________。

音乐作品：____________、____________、____________。

美术作品：____________、____________、____________。

4. 动手创作1～2个作品，如写一篇近期自己参加学校文化与科普活动的趣闻；画一张观察学习生活的漫画；拍几组观察植物、动物、风景的照片；给同学讲自己印象深刻的成长故事；等等。创作完成后记得署名，并积极尝试给《小博士报》《中外少年》等报刊投稿。

（答案见本单元末）

第二课 著作权的运用与保护

一、著作权包括哪些权利

著作权包括人身权和财产权，具体包括 17 项权利。

人身权属于作者，也称为“精神权利”，主要包括：
（一）发表权；
（二）署名权；
（三）修改权；
（四）保护作品完整权；
财产权是指著作权人对于所创作的作品享有使用和获得报酬的权利，具体包括：
（五）复制权；
（六）发行权；
（七）出租权；
（八）展览权；
（九）表演权；
（十）放映权；
（十一）广播权；
（十二）信息网络传播权；
（十三）摄制权；
（十四）改编权；
（十五）翻译权；
（十六）汇编权；
（十七）应当由著作权人享有的其他权利。

知识链接

著作权人

《中华人民共和国著作权法》第九条　著作权人包括：(一)作者；(二)其他依照本法享有著作权的公民、法人或者其他组织。

也就是说，著作权人可以是通过创作直接产生作品的个人，也可以是主持创作并对作品负责的单位或其他组织。依照法律通过继承、转让、委托等方式获得著作权的个人或单位也可以享有著作权。

《中华人民共和国著作权法》还规定了传播者权，是指作品传播者对其传播作品的创造性劳动成果所依法享有的权利，主要包括表演者权、录制者权、广播电台及电视台的权利、出版者权。

小讨论

油画等作品著作权的归属

科教授，上周我伯父在山水画展览会上买了一幅油画，他享有这幅油画的著作权吗？

你伯父没有这幅油画的整体著作权，但享有展览权。我国《著作权法》第十八条规定：“美术等作品原件所有权的转移，不视为作品著作权的转移，但美术作品原件的展览权由原件所有人享有。”

知道了。

我爸爸和一位朋友共同创作了一个相声，著作权归谁呢？

我国《著作权法》第十三条规定：“两人以上合作创作的作品，著作权由合作作者共同享有。没有参加创作的人，不能成为合作作者。合作作品可以分割使用的，作者对各自创作的部分可以单独享有著作权，但行使著作权时不得侵犯合作作品整体的著作权。”

我回去告诉爸爸。

我很喜欢看曹文轩的书，看过《山羊不吃天堂草》《青铜葵花》。

我也爱看曹文轩的书，《草房子》我看过两遍啦，我被桑桑、纸月、杜小康这些乡村孩子的开朗、温柔感动。

《草房子》被改编成电影，我看过电影。

科教授，一般图书能随便改编成电影吗？

《草房子》改编成电影，一定要曹文轩老师同意、得到他的授权才行，因为他是《草房子》的作者，也是著作权人，他有版权呀。

明白了。

二、著作权的保护期限

我国著作权法对著作权的保护期限做了如下规定：

1. 作者的署名权、修改权、保护作品完整权的保护期不受限制。

2. 公民的作品，其发表权、复制权、发行权、出租权、展览权、表演权、放映权、广播权、信息网络传播权、摄制权、改编权、翻译权、汇编权等权利的保护期为作者终生及其死亡后五十年，截止于作者死亡后第五十年的12月31日。

3. 法人或者其他组织的作品，著作权(署名权除外)由法人或者其他组织享有的职务作品，其发表权、复制权、发行权、出租权、展览权、表演权、放映权、广播权、信息网络传播权、摄制权、改编权、翻译权、汇编权的保护期为五十年，截止于作品首次发表后第五十年的12月31日，但作品自创作完成后五十年内未发表的，其著作权不再受著作权法保护。

三、著作权的合理使用

我国著作权法第二十二条：在下列情况下使用作品，可以不经著作权人许可，不向其支付报酬，但应当指明作者姓名、作品名称，并且不得侵犯著作权人依照本法享有的其他权利：

1. 为个人学习、研究或者欣赏，使用他人已经发表的作品。

2. 为介绍、评论某一作品或者说明某一问题，在作品中适当引用他人已经发表的作品。

3. 为报道时事新闻，在报纸、期刊、广播电台、电视台等媒体中不可避免地再现或者引用已经发表的作品。

4. 报纸、期刊、广播电台、电视台等媒体刊登或者播放其他报纸、期刊、广播电台、电视台等媒体已经发表的关于政治、经济、宗教问题的时事性文章，但作者声明不许刊登、播放的除外。

5. 报纸、期刊、广播电台、电视台等媒体刊登或者播放在公众集会上发表的讲话，但作者声明不许刊登、播放的除外。

6. 为学校课堂教学或者科学研究，翻译或者少量复制已经发表的作品，供教学或者科研人员使用，但不得出版发行。

7. 国家机关为执行公务在合理范围内使用已经发表的作品。

8. 图书馆、档案馆、纪念馆、博物馆、美术馆等为陈列或者保存版本的需要，复制本馆收藏的作品。

9. 免费表演已经发表的作品，该表演未向公众收取费用，也未向表演者支付报酬。

10. 对设置或者陈列在室外公共场所的艺术作品进行临摹、绘画、摄影、录像。

11. 将中国公民、法人或者其他组织已经发表的以汉语言文字创作的作品翻译成少数民族语言文字作品在国内出版发行。

12. 将已经发表的作品改成盲文出版。

四、著作权侵权行为及其后果

著作权侵权行为指既没有获得著作权人授权，也没有法律上的依据，擅自行使著作权人专有权利的行为。

著作权侵权行为承担的法律责任分为以下两类。

（一）承担民事责任侵权类型

有下列11种侵权行为之一的，应当承担停止侵害、消除影响、赔礼道歉、赔偿损失等民事责任。

1. 未经著作权人许可，发表其作品的。

2. 未经合作作者许可，将与他人合作创作的作品当作自己单独创作的作品发表的。

3. 没有参加创作，为谋取个人名利，在他人作品上署名的。

4. 歪曲、篡改他人作品的。

5. 剽窃他人作品的。

6. 未经著作权人许可，以展览、摄制电影和以类似摄制电影的方法使用作品，或者以改编、翻译、注释等方式使用作品的，本法另有规定的除外。

7. 使用他人作品，应当支付报酬而未支付的。

8. 未经电影作品和以类似摄制电影的方法创作的作品、计算机软件、录音录像制品的著作权人或者与著作权有关的权利人许可，出租其作品或者录音录像制品的，本法另有规定的除外。

9. 未经出版者许可，使用其出版的图书、期刊的版式设计的。

10. 未经表演者许可，从现场直播或者公开传送其现场表演，或者录制其表演的。

11. 其他侵犯著作权以及与著作权有关的权益的行为。

知识链接

解决版权纠纷有哪些途径和形式

1. 作者或者其他著作权人可以和对方进行协商解决。

2. 根据当事人达成的书面协议或者著作权合同中的条款，由当事人向仲裁机构申请仲裁。

3. 请求版权行政管理部门处理。

4. 直接向人民法院起诉，以保护自己的合法权益。

案例1

《山歌好比春江水》：一波三折维权路

“唱山歌，这边唱来那边和，山歌好比春江水，哪怕滩险弯又多……”这首唱遍祖国大江南北的名曲，出自彩调剧、歌舞剧《刘三姐》，是广西文艺工作者的原创作品。然而，在长达十余年时间里，围绕这首歌曲的署名侵权，原作者们却走过了一段曲折的维权路。

在曾参加歌舞剧《刘三姐》音乐创编的宋德祥先生记忆里：1959年7月，柳州市“刘三姐创作组”拟定彩调剧《刘三姐》剧本第三方案时，创作了主题曲《山歌好比春江水》。此后，著名词作家乔某、著名作曲家雷某某将彩调剧、歌舞剧《刘三姐》改编为电影时，

案例1

并没有收录这首歌。

然而，在 2005 年、2012 年南宁国际民歌节开幕式晚会上，当著名歌手宁静、宋祖英分别唱响《山歌好比春江水》时，这首歌却被署名为：乔某作词，雷某某作曲。此外，在电视台音乐节目及多种音乐光碟、歌曲集和网络歌曲中，凡出现《山歌好比春江水》这首歌，绝大多数都错误地署名为：乔某作词，雷某某作曲。

出于对广西文艺精品的热爱和敬重，宋德祥等老艺术家决定联手维权。他们相继给自治区有关管理部门写信，反映真实情况，提出维权建议，并直接给乔某本人写信，希望他主动出面改正错误署名。但是，没有得到乔某回复。

多方申诉维权，错误署名却始终得不到更正。原作者们最终决定用法律维护自己的权益。2013 年 7 月 16 日上午，彩调剧、歌舞剧《刘三姐》原作者就《山歌好比春江水》署名侵权起诉乔某、雷某某一案在南宁市中级人民法院开庭审理。开庭前，原告与被告达成调解协议。协议内容为：乔某、雷某（雷某某之女）必须在《人民日报》《光明日报》《广西日报》《南国早报》《人民音乐》《中国文化报》等报刊及新浪网、腾讯网上刊登声明：在《山歌好比春江水》上署名“作词乔某、作曲雷某某”均为误署，应予更正……乔某委托代理人也在法庭上明确表示：乔某始终不认为《山歌好比春江水》是自己的作品，特代表乔某对在庭的广西艺术家表示敬意。

（资料来源：2013年7月23日《广西日报》12版　记者：罗劲松）

（二）承担刑事责任的侵权类型

有下列侵权行为的，应当根据情况，承担停止侵害、消除影响、赔礼道歉、赔偿损失等民事责任；同时损害公共利益的，可以由著作权行政管理部门责令停止侵权行为，没收违法所得，没收、销毁侵权复制品，并可处以罚款；情节严重的，著作权行政管理部门还可以没收主要用于制作侵权复制品的材料、工具、设备等；构成犯罪的，依法追究刑事责任：

1. 未经著作权人许可，复制、发行、表演、放映、广播、汇编、通过信息网络向公众传播其作品的，本法另有规定的除外。

2. 出版他人享有专有出版权的图书的。

3. 未经表演者许可，复制、发行录有其表演的录音录像制品，或者通过信息网络向公众传播其表演的，本法另有规定的除外。

4. 未经录音录像制作者许可，复制、发行、通过信息网络向公众传播其制作的录音录像制品的，本法另有规定的除外。

5. 未经许可，播放或者复制广播、电视的，本法另有规定的除外。

6. 未经著作权人或者与著作权有关的权利人许可，故意避开或者破坏权利人为其作品、录音录像制品等采取的保护著作权或者与著作权有关的权利的技术措施的，法律、行政法规另有规定的除外。

7. 未经著作权人或者与著作权有关的权利人许可，故意删除或者改变作品、录音录像制品等的权利管理电子信息的，法律、行政法规另有规定的除外。

8. 制作、出售假冒他人署名的作品的。

案例2

江苏“速酷电影”网侵犯影视作品著作权案

2014 年，江苏省徐州市公安部门根据网络巡查线索，依法对“速酷电影”网涉嫌侵犯影视作品著作权案进行调查。经查，田某某于 2010 年 5 月开设“速酷电影”网站，自 2011 年 7 月起，田某某未经合一、乐视等著作权人许可，从互联网上采集上述公司的影视作品链接，通过“速酷电影”网站向公众传播，并在网页刊登广告收取广告费用，影视作品被点击数达 1694 余万次，非法经营额 122 万余元。

依据《中华人民共和国刑法》第 217 条等规定，江苏省徐州市中级人民法院于 2015 年 2 月 4 日作出刑事判决：田某某犯侵犯著作权罪，判处有期徒刑三年六个月，并处罚金 70 万元，违法所得 114 万元予以追缴。

（资料来源：国家版权局公布的 2015 年度打击侵权盗版十大案件之一）

同学们，今天我们在图书馆学习我国著作权法保护的作品、著作权的保护期限和合理使用等知识，大家谈谈体会吧。
我感觉收获很大，学习了什么是著作权和著作权的运用与保护。
我知道图书馆不仅可以借书，还有那么丰富的文化活动，以后要常来广西图书馆。
今天的文化之旅收获很大，在有趣的参观中学习了什么是作品，激发了我的创作热情！
少年作家黎宇航，小小年纪就出版图书了，他的创作热情值得我学习。还有我印象很深的是受著作权法保护的9类作品，以后我要多写并大胆给媒体投稿。
课外活动我可以给同学们讲今天学习的案例和小故事。
很棒！大家回去多向同学们宣传著作权知识，平时注意观察生活，积累素材，勤动笔创作，一定会不断进步，收获精彩的作品。
一起加油，耶！

课后小练习2

1. 著作权包括人身权和________________，具体包括 17 项权利。

2.《中华人民共和国著作权法》第九条规定，著作权人包括 :（一）作者 ;（二）其他依照本法享有著作权的公民、____________。

3. 公民的作品著作权保护期一般为作者有生之年及死亡后_____年。

A. 五十　　B. 七十　　C. 八十　　D. 一百

4. 著作权侵权行为承担的法律责任分为以下两类：承担________侵权类型和承担刑事责任的侵权类型。

5. 下列著作权侵权不属于侵犯著作权人身权的是：________。

A. 剽窃他人作品，指将他人的作品窃为己有

B. 歪曲、篡改他人作品

C. 未经著作权人或者与著作权有关的权利人许可，故意删除或者改变作品、录音录像制品等的权利管理电子信息的

D. 未经著作权人许可，发表其作品

（答案见本单元末）

互动园地

举办“爱创作、爱艺术”校园文艺活动

可以在班级、年级或全校开展活动。

1. 发动同学们报名并提交作品，节目形式多样化，包括文字作品（诗歌）、音乐作品（唱歌或乐器演奏）、曲艺作品（小品）、舞蹈作品、绘画作品等。

2. 经过征集，选出8～10个节目进行表演，让入选同学用课余时间认真排练节目，做好演出准备。

3. 拟出节目单，向同学们宣传（模拟节目单）。

节目名称	节目类型	选送班级	表演者
《飞越梦想》	舞蹈	四（5）班	刘畅、张雨心等
《少年中国说》	诗朗诵	六（3）版	何苗苗等
《说创作》	相声	四（6）班	陈俊、郑锋
《夸夸我的好老师》	三句半	五（3）班	蒙磊、周惠等
《母亲》	独唱	五（1）班	李萌
《抄作业要不得》	小品	六（4）班	崔力元等
《壮乡春早》	二胡独奏	三（2）班	陈浩
《美丽校园》	山水画	五（4）班	张瀚元、韦佳佳等
《我们的田野》	合唱	六（2）班	柳浩、吴巧巧等

4. 节目表演完毕后，每个节目选出一个同学向观众介绍本节目是属于哪类作品，这个作品的文字、词曲、舞蹈等是否受著作权保护。同学们介绍后再由老师进行点评。

答案

【课后小练习 1】1. 邻接权　2. A、B、C、D

【课后小练习 2】1. 财产权　2. 法人或者其他组织　3. A
4. 民事责任　5. C

单元小结

著作权作为一种无形资产，是社会中应用最广泛的一种知识产权，与每个人都息息相关。

通过对本单元的学习，你会被激发出作品创作的热情，并对以下知识有清楚的认知，它们是：作品的种类，创作；著作权的概念、内容、归属、取得方式、保护期限与合理使用;侵犯著作权的行为和要承担的法律惩罚的后果。

通过“爱创作、爱艺术”系列校园文艺活动的互动园地，引导学生实践创作作品和表演作品，体验著作权成果。

第五单元

请大家看过来

——其他内容的知识产权保护

第一课　一看植物新品种

第二课　二看商业秘密

第三课　三看地理标志

第一课 一看植物新品种

同学们，知识产权的主要内容有专利权、著作权、商标权和其他内容的知识产权。经过前几单元的学习，我们了解了知识产权的基础知识，又着重学习了专利权、商标权和著作权。

我们还想了解知识产权保护的其他内容。

好。大家先复习其他内容的知识产权主要包括哪些。

有商业秘密、植物新品种、地理标志，还有……

还有集成电路布图设计等一切来自工业、科学及文学艺术领域的智力创作所产生的权利。

说得对。今天我们来学习植物新品种、商业秘密和地理标志。

为什么要来广西农业科学院呢？

到广西农业科学院，就是想让你们在科研试验的现场对具有生物活性的植物新品种等内容的学习和观察更直观。

太好了！

哇，广西农业科学院有18个直属研究所和100个创新团队！

一会儿我们到水稻研究所、园艺研究所看看，那里有许多植物，其中一些还是植物新品种。

一、什么是植物新品种

（一）植物新品种定义

植物新品种是指经过人工培育或者对发现的野生植物加以开发，具备新颖性、特异性、一致性和稳定性，并有适当命名的植物品种。

为了保护育种者的权利，鼓励创新，我国 1997 年颁布了《中华人民共和国植物新品种保护条例》。

植物新品种包括农业植物新品种和林业植物新品种两部分。

1. 农业植物新品种。

《中华人民共和国植物新品种保护条例实施细则》（农业部分）第二条指出：农业植物新品种包括粮食、棉花、油料、麻类、糖料、蔬菜（含西甜瓜）、烟草、桑树、茶树、果树（干果除外）、观赏植物（木本除外）、草类、绿肥、草本药材、食用菌、藻类和橡胶树等植物的新品种。农业部为农业植物新品种权的审批授予机关。

2. 林业植物新品种。

《中华人民共和国植物新品种保护条例实施细则》（林业部分）第二条指出：植物新品种是指符合《条例》第二条规定的林木、竹、木质藤本、木本观赏植物（包括木本花卉）、果树（干果部分）及木本油料、饮料、调料、木本药材等植物品种。植物品种保护名录由国家林业局确定和公布。

同学们，上周我去广西药用植物园参观，那也有许多药用植物呢，比如金钱草、两面针等。你们看我拍的照片。

有些名字没有听过，长得真漂亮！

我们上广西林业厅网站查查广西有多少种林业植物新品种吧。

2016年，广西林科院的松属“松泰”、南宁市金花茶公园的山茶属“金背丹心”“冬月”和李昆龙申请的泡桐属“绿桐1号”获得植物新品种权授权，广西累计已获得8个植物新品种权。

“松泰”由广西林科院杨章旗、黄永利、陈桂金等培育。“金背丹心”和“冬月”由南宁市金花茶公园黄连冬等培育。

都是林业科研硕果！

由黄连冬高级工程师等人培育的茶花新品种“金背丹心”“冬月”获国家林业局植物新品种权证书，这是国内首个获得自主知识产权的带有金花茶基因的新品种。

小资料

金花茶

金花茶属于山茶科、山茶属，与茶、山茶、云南山茶、油茶、茶梅等为孪生姐妹，1994年被国家列为一级重点保护植物，是《濒危野生动植物物种国际贸易公约》附录II中的植物物种。金花茶的花呈金黄色，耀眼夺目，仿佛涂着一层蜡，晶莹而油润，似有半透明之感。金花茶顶生或腋生，花开时，有杯状的、壶状的或碗状的，娇艳多姿，秀丽雅致。以前，人们没有见到过花色金黄的种类。1960年，中国科学工作者首次在广西南宁坛洛一带发现了一种金黄色的茶花，将之命名为“金花茶”。国外称之为“神奇的东方魔茶”，被誉为“植物界大熊猫”“茶族皇后”。

金花茶

金花茶干花

小故事

“八桂学者”杨博士

1. 杨博士出生于桂林资源县，家乡的青山绿水，茂密树林，让他从小就对林木结下了深厚情感。1982 年，杨博士被华南农业大学林业专业录取，别样的人生从此揭开。

2.1986 年毕业后，杨博士来到广西林科院工作，服从组织安排到松树研究组搞科研。经过两年的历练，杨博士坚定地说：“我打定主意，这辈子就交给马尾松了，只要能吃饱肚子，我就不会放弃松树研究。”

3. 学无止境。为了追踪更多最新的国际前沿林业知识，杨博士在繁忙的工作之余还挤时间去学英语。如饥似渴地汲取知识，在林业知识的王国里流连忘返成了杨博士每天的必修课。他学完英语又去读硕士。2004 年，已近不惑之年的杨博士又到北京林业大学读博。

4. 收获硕果累累。杨博士长期从事松树遗传育种、速生丰产林培育和人工林生态等研究工作。共完成国家或省（部）级科研成果 20 多项，主持或主要参加的项目获国家科技进步二等奖 2 项，省（部）级科技进步一等奖 1 项、二等奖 7 项、三等奖 2 项，中国林学会梁希科学技术奖二等奖 5 项。2011 年 11 月被自治区党委、政府聘为广西首批“八桂学者”。

二、植物新品种保护与应用

植物新品种权保护的目的是鼓励更多的组织和个人向植物育种领域投资，从而有利于育成和推广更多的植物新品种，推动我国的种子工程建设，促进农林业生产的不断发展。

（一）怎样获得植物新品种权

申请植物新品种权的育种者，可以直接或者委托代理机构向审批机关（国务院农业、林业行政管理部门）提出申请，提交相应的文件。文件内容包括植物新品种权请求书、说明书和照片。审批机关审查通过后，将予以公告，并授予证书。

（二）发生植物新品种侵权怎么办

1. 未经品种权人许可，以商业目的生产或销售授权品种的繁殖材料的，品种权人或者利害关系人可以请求省级以上人民政府农业、林业行政管理部门依据各自的职权进行处理，也可以直接向人民法院提起诉讼。

2. 假冒授权品种的，由县级以上人民政府农业、林业行政管理部门依据各自的职权责令停止假冒行为；情节严重，构成犯罪的，依法追究刑事责任。

案例小讨论 1

“珞优 8 号”水稻新品种实施许可合同纠纷案

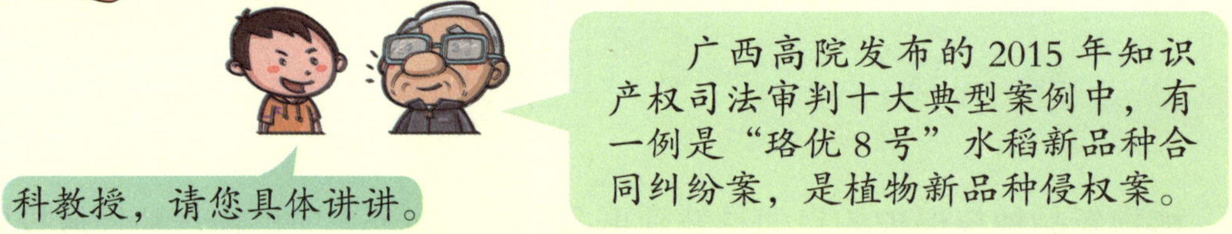

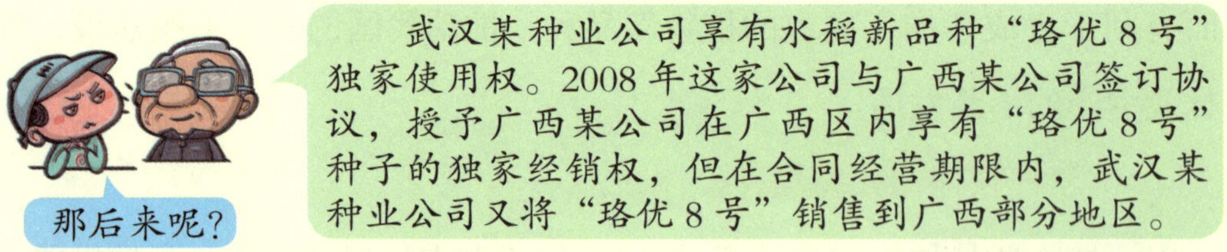

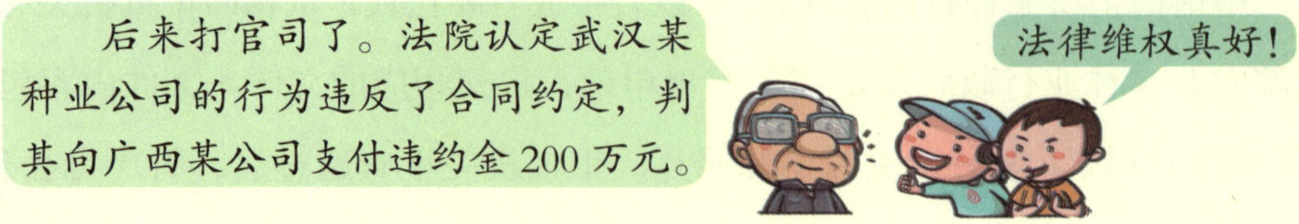

（三）广西植物新品种的开发与利用

广西已知有高等级植物 8354 种，是野生植物资源丰富的省区之一。

1. 广西农科院“华南杂交水稻优质化育种创新及新品种选育”获得 2010 年度国家科学技术进步奖二等奖。广西农科院水稻所成立于 1981 年，30 多年共育水稻品种 123 个，有 13 个品种获国家品种权保护。累计推广面积 6 亿多亩，社会、经济效益显著。其中，“秋优 1025”为全国农作物优势产区主推品种和国家科技成果重点推广的水稻新品种。

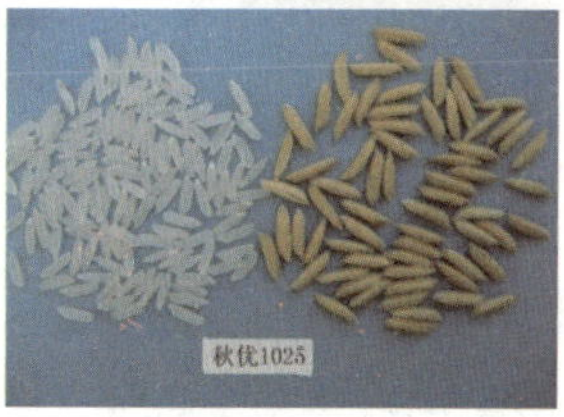

“秋优 1025”育种成果创新性强，已成为广西、广东、海南 3 省（区）晚稻主栽品种之一。

2. 广西是我国较大的无籽西瓜出口基地之一。广西农科院园艺研究所李研究员带领的团队经过 37 年的潜心钻研，陆续开发出“广西一号”“广西二号”“广西三号”“桂系一号”“桂系二号”等十几个西瓜新品种选育及配套栽培技术。2005 年“广西三号、五号无籽西瓜新品种选育与应用推广项目”获 2005 年度国家科技进步二等奖。

没有经过人工诱变的有籽西瓜

广西五号无籽西瓜（将有籽西瓜经过人工诱变、杂交产生的三倍体西瓜——无籽瓜）

3. 我国香蕉主要分布在广西、广东、福建、海南、台湾等地区。因为产量大，广西已成为全国香蕉之乡。然而 20 世纪 80 年代以前，广西的香蕉种植并不成规模。1987 年，广西农科院生物技术研究所香蕉课题组在林贵美的带领下正式开展良种选育工作。经过 18 年的摸爬滚打，香蕉新品种“桂蕉 6 号”的选育与产业化获得 2012 年度广西科学技术进步奖一等奖。“桂蕉 6 号”为国内香蕉生产区的主要种植品种之一。

桂蕉6号

南宁坛洛万亩蕉林

4. 广西是全国较大的糖料蔗和食糖生产基地。甘蔗品种是决定蔗糖产业兴衰成败的重要因素。自 2001 年起，广西甘蔗研究所的科研人员针对广西蔗区土地、气候、病虫害等特点，确立主攻方向，开始研发新的高产优质甘蔗品种。经过多年努力，科研人员逐渐选育和筛选以桂糖 21 号、28 号、29 号为代表的桂糖系列 22 个新品种。

桂糖 21 号（桂糖 94-119）

我最近看中国农业网报道，中国 70% 的果树种类在广西都能种植，目前，作为商品性栽培的果树种类有近 20 个之多。

主要有什么水果？

比如火龙果、柿、梨、李、桃、葡萄、梅、大青枣、猕猴桃、柚子等。

广西特色水果发展前景广阔！

巨峰葡萄

灵山荔枝

“桂柚 1 号”柚子

桂林柿子

第二课　二看商业秘密

一、什么是商业秘密

（一）商业秘密的定义

商业秘密是指不为公众所知悉、能为权利人带来经济利益，具有实用性并经权利人采取保密措施的技术信息和经营信息。

商业秘密是企业的财产权利，它关乎企业的竞争力，对企业的发展至关重要，有的甚至直接影响到企业的生存。

（二）商业秘密包括哪些

商业秘密可以分为两大类：技术信息和经营信息。

商业秘密	技术信息	技术设计、生产配方、工艺流程、技术诀窍、设计图纸等
	经营信息	管理方法、竞争方案、产销策略、客户名单、货源情报等

二、商业秘密的保护

（一）什么是商业秘密保护

商业秘密保护，是指劳动者在劳动合同期间以及解除或终止劳动合同后一段期限内不得利用企业的商业秘密从事个人牟利活动，非依法律的规定或者企业的允诺，不得披露、使用或允许他人使用其掌握的企业商业秘密。

商业秘密权利人，是指商业秘密的所有人和经商业秘密所有人许可的商业秘密使用人。

（二）侵犯商业秘密的行为

1. 以盗窃、利诱、胁迫或者其他不正当手段获取权利人的商业秘密的。

2. 披露、使用或者允许他人使用以前项手段获取的权利人的商业秘密的。

3. 违反约定或者违反权利人有关保守商业秘密的要求，披露、使用或者允许他人使用其所掌握的商业秘密的。

（三）侵犯商业秘密的行为应承担相应的法律责任

任何人实施侵犯商业秘密的不正当行为，工商行政管理机关可以给予行政处罚（包括责令停止违法行为，依据情节处以一万元以上二十万元以下的罚款），并可以对侵权物品做出处理。权利人还可以依据合同法、劳动法的有关规定，对违反约定侵犯商业秘密的行为要求制裁。此外，我国刑法第二百一十九条规定了侵犯商业秘密罪，对有侵犯商业秘密行为之一的，给商业秘密的权利人造成重大损失的，追究刑事责任。

案例小讨论2

学生名单商业秘密纠纷案

第三课 三看地理标志

我国是一个拥有丰富资源的发展中国家。多样的气候和地理条件以及悠久的历史传统和民族文化，共同造就了众多的地方名优特产，其中有许多在世界上享有盛誉，如陕西苹果、库尔勒香梨、中宁枸杞、五常大米、平谷大桃、烟台葡萄酒、金华火腿、安溪铁观音、容县沙田柚、贵州茅台等。对地理标志的保护是为了保护生产者和消费者的合法权益，促进经济发展。

一、什么是地理标志

（一）地理标志定义

我国商标法所称的地理标志，是指标示某商品来源于某地区，该商品的特定质量、信誉或者其他特征主要由该地区的自然因素或者人文因素所决定的标志。

2007 年国家工商行政管理总局对外公布地理标志产品专用标志——中国地理标志（GI），并同时发布《地理标志产品专用标志管理办法》，规定凡经国家工商行政管理总局商标局依法核准注册的地理标志注册人的集体成员或经注册人许可的地理标志产品生产者、经营者均可使用该标志。地理标志依照《中华人民共和国商标法》和《中华人民共和国商标法实施条例》的规定，作为证明商标或者集体商标申请注册。

（二）地理标志保护产品

国家地理标志保护产品，是指产自特定地域，所具有的质量、声誉或其他特性本质上取决于该产地的自然因素和人文因素，经审核批准以地理名称进行命名的产品。

地理标志产品包括：（1）在特定地域种植、养殖的产品，其特殊品质、特色和声誉主要取决于当地的自然因素；（2）原材料全部来自该地区及原材料部分或全部来自其他地区，其产品的特殊品质、特色和声誉主要取决于当地或产品产地的自然环境和人文因素，并在该地采用特定工艺生产和加工。

地理标志产品类别一般包括：种植和养殖类产品、初加工产品、加工食品、酒类、茶叶、中药材、工艺品及传统产品等。

国家质量监督检验检疫总局（以下简称“国家质检总局”）从监管、保证产品质量的角度对原产地标记实施认定和注册的制度，对通过认证的企业许可使用“原产地产品”专用标志，以增强获得认证的产品在市场上的产地来源识别性。国家质检总局自2005年5月16日起施行《地理标志产品保护规定》，并从同年11月1日起公布开始使用地理标志保护产品专用标志——中华人民共和国地理标志保护产品。

（三）农产品地理标志

我国农业法规定，符合规定产地及生产规范要求的农产品可以依照相关法律或者行政法规的规定申请使用农产品地理标志。农业部于2007年12月发布了《农产品地理标志管理办法》，农产品地理标志登记申请人为县级以上地方人民政府根据具体条件择优确定的农民专业合作经济组织、行业协会等组织，农业部接受申请并颁发“农产品地理标志”专用标志。

二、如何保护地理标志产品

地理标志产品与商标是民族品牌、地区名片、质量象征、信誉保证和文化精品。实施地理标志产品保护是欧盟和世界上许多国家的通行做法，也是世界贸易组织相关规定的要求，在国际上被广泛运用于农副土特产品、传统的工业产品和手工艺品等诸多领域。

国家地理标志保护产品与一般的名牌产品相比，蕴含了更多的无形资产，被誉为打开国内外市场的“金钥匙”。

（一）如何保护“国家地理标志保护产品”

国家质量监督检验检疫总局统一管理全国的地理标志产品保护工作。获得使用专用标志资格的生产者，应在产品包装上标明“国家地理标志保护产品”字样以及地理标志产品的名称、公告号等，并施加专用标志。地理标志产品专用标志使用的有效期为五年，有效期满前六个月，使用者可向产品所在地质检机构提出申请，经省质检局报国家质量监督检验检疫总局审核备案；到期不申请的，有效期至届满为止。

（二）广西地理标志产品的保护与应用

广西部分地理标志产品名录

序号	品名	序号	品名	序号	品名	序号	品名	序号	品名
1	巴马火麻	14	桂林腐乳	27	凉亭鸡	40	西山茶	53	防城金花茶
2	鹿寨蜜橙	15	湘山酒	28	博白空心菜	41	八渡笋	54	博白桂圆肉
3	雅长铁皮石斛	16	梧州腊肠	29	正骨水	42	横县大头菜	55	容县霞烟鸡
4	浦北红椎菌	17	融水糯米酒	30	昭平茶	43	南山白毛茶	56	梧州六堡茶
5	阳朔金橘	18	灵山凉粉	31	永福罗汉果	44	坭兴陶	57	横县茉莉花
6	大新苦丁茶	19	桂林西瓜霜	32	荔浦芋	45	灵山荔枝	58	黄姚黄精酒
7	天等指天椒	20	桂林三花酒	33	合浦南珠	46	上林大米	59	龙州乌龙茶
8	广西肉桂	21	桂林辣椒酱	34	忻城金银花	47	三江茶	60	岑溪古典鸡
9	融水香鸭	22	金秀绞股蓝	35	梧州龟苓膏	48	黄姚豆豉	61	德保脐橙
10	黎塘莲藕	23	上林八角	36	容县沙田柚	49	西林沙糖橘	62	西林火姜
11	东兰墨米酒	24	横县茉莉花茶	37	凌云白毫茶	50	浦北香蕉	63	柳江莲藕
12	西林姜晶	25	玉林牛巴	38	西林麻鸭	51	玉林香蒜	64	英家大头菜
13	恭城月柿	26	田东香芒	39	巴马香猪	52	融安金橘	65	乐业猕猴桃

（资料来源：《广西大学学报》2017 增刊 39 卷“广西地理标志的保护策略研究”，作者：杨梅）

广西申报的十万山牛大力、古辣香米、合浦大月饼、百色山茶油、富川脐橙、石塘生姜、隆林板栗、陆川铁锅 8 个地理标志产品于 2017 年 6 月得到国家质监总局受理。

横县茉莉花

西林麻鸭

梧州龟苓膏

融安金橘

田东香芒

天等指天椒

我看了2017年7月16日《人民日报》一篇报道《广西地理标志淬火特色产业 一根杠杆撬动产业脱贫》。

主要是一些什么地理标志产品能扶贫呢？

比如西林沙糖橘、田东香芒、融安金橘、钦州坭兴陶等一批特色农产品、工艺品获得地理标志认证，成为撬动当地脱贫产业的支点。

地标产品更加火了！

据《人民日报》报道介绍，广西已获得国家质检总局批准的77个地理标志保护产品，2016年总产值达302亿元，今后将打造千亿元级的特色产业。

哇，我们来点赞！

哇，广西可以发展依靠地理标志产品脱贫致富的特色之路！
说得好。广西在地理标志产品保护与开发上可以大有作为。
太好了！

同学们，这半年多来，我们一起学习知识产权知识，现在我们来小结。
我学到许多知识产权知识，眼界大开了。今后我还想多学专利权和商标权，多动手发明创造。
我喜欢知识产权，特别对商标权感兴趣，崇拜创品牌企业。
今后我要多听知识产权科普讲座和参加教学体验活动，多写日记、多写作文。
我对发明创造和植物新品种特别感兴趣，我要多观察、多动手。
我感觉收获很大，往后我会带领更多同学一起学习，将来读大学也许报考知识产权专业哦！

课后小练习

1. 植物新品种是指经过或者对发现的野生植物加以开发，具备________、特异性、一致性和稳定性并有适当命名的植物品种。

2. 植物新品种包括农业植物新品种和____________植物新品种两部分。

3. 数一数你有印象和喜欢的农业植物和林业植物（不限农业植物新品种和林业植物新品种）。

林业植物：____。

农业植物：____。

4. 商业秘密是指不为公众所知悉、能为权利人带来经济利益，具有实用性并经权利人采取保密措施的技术信息和__________。

5. 数数广西的国家地理标志产品。

（答案见本单元末）

互动园地

魅力植物等观察实训营

建议由5～7人组成体验团队，选出一名组长，活动需要邀请老师或者家长带领。利用寒暑假或周末开展活动，每项活动时间半天。

第一阶段：先拟出一个简单可行的活动方案，包括活动时间、地点、内容及形式。

第二阶段：实训启动（可选其中1～2项）。

活动1：到市区的公园仔细观察植物花卉，找找有没有植物新品种，记录其中5个植物品种，包括它的外形特征，比如叶子形状、颜色、茎干高度，是乔木还是灌木，是攀缘植物还是水生植物等。

活动2：到南宁青秀山风景区棕榈园，请青秀山风景区园林局的工程师介绍形态各异的棕榈科植物，并仔细观察、记录其中常见的5个品种的棕榈科植物，包括它的外形特征，比如叶子形状、花的颜色、茎干高度，是乔木还是灌木，产地和分布地等。

活动3：走进市区的某家大型超市，一是观察广西特产柜台有哪些国家地理标志产品，这些品种的特点和优势在哪里；二是观察其他商品，仔细看看并思考有哪些商品蕴含着商业秘密的技术信息。

第三阶段：小结，分享收获。

每个同学将活动的体验过程写一篇主题为“我眼中的魅力植物”或“我家乡的地理标志产品”的作文，也可以把所拍的照片配上文字记录及实训体验。作文可以向知识产权等相关媒体投稿。

由组长整理观察实训收获，在老师的指导下做一个全程体验的ppt，开学后利用课外活动课播放给全班同学看，让同学们了解和分享知识产权的学习收获。

答案

【课后小练习】1. 新颖性　2. 林业　4. 经营信息

单元小结

本单元以带领学生实地参观的形式形象地介绍了植物新品种、商业秘密和地理标志的内涵、保护及应用的基本常识，展现植物新品种的魅力和地理标志产品的经济价值。引导同学们多观察、多思考。

通过本单元学习，学生将对植物新品种、商业秘密和地理标志加深理解，认识到知识产权不仅能够有效地保护国家的资源安全，还能推动地方和国家经济的蓬勃发展。

附　录

参考文献

[1] 刘西平，等 . 知识产权基础知识 [M]. 北京 ：知识产权出版社，2014.

[2] 崔卫国 , 等 . 中小学知识产权教育读本 [M]. 北京 ：知识产权出版社，2012.

[3] 柯涛，林葵 . 知识产权管理 [M]. 北京 : 高等教育出版社，2004.

[4] 段晓梅 . 品牌与商标 [M]. 北京 ：知识产权出版社，2013.

[5] 高瑛 , 等 . 广西工业优秀科技成果 [M]. 南宁 ：广西科技出版社，2014.

[6] 罗天江 . 广西农林业优秀科技成果 [M]. 南宁 ：广西科技出版社，2014.

信息查询

[1] 国家知识产权局网 http://www.sipo.gov.cn

[2] 广西知识产权局网 http://www.gxipo.net

[3] 中国知识产权资讯网 http://www.iprchn.com

[4] 国家农业部网 http://www.moa.gov.cn

[5] 百度网 http://www.baidu.com

[6] 新浪网 http://www.sina.com.cn

[7] 新华网 http://www.xinhuanet.com

[8] 人民网 http://www.people.com.cn

[9] 中国机器人网 http://www.robot-china.com

[10] 广西新闻网 http://www.gxnews.com.cn

[11] 广西林业厅网 http://www.gxly.cn

后 记

历经一年多时间，编委会全体成员在知识产权的知识海洋里探寻、研究，深入中小学校调研、互动，采纳相关专家和广大师生们的意见对书稿进行一次又一次反复修改，不断补充完善，终于将《走近知识产权——中小学知识产权教育读本》一书呈献在读者面前。本书于 2017 年 12 月出版后，将先在广西中小学生发明创造示范单位发放使用，并逐步在广西各中小学校推广。

回顾创作历程，让我们倍感欣慰的是：从 2016 年 11 月到 2017 年 11 月，我们携《走近知识产权——中小学知识产权教育读本》初稿样书走进广西部分中小学校，开展多达十九期的知识产权普及教育宣传活动。活动期间，书稿图文并茂的表现形式及轻松活泼的互动教学方式，有效激发起同学们学习知识产权知识的兴趣与热情。

本书的出版只是迈出了宣传教育知识产权知识的第一步，今后我们仍将热情地投身于中小学生知识产权普及教育的宣传与教学服务工作。期望广大中小学生通过阅读本书，能够更有效地汲取养分，打开视野，在学会尊重、运用、保护知识产权以及热爱创新发明中健康快乐成长！

在编纂过程中，参考引用的一些文献资料对于本书内容丰富与完善大有助益，在此向相关文献作者、编者、出版者表示由衷感谢！同时，也感谢知识产权出版社对本书出版给予的大力支持。

编委会

2017 年 12 月

图书在版编目（CIP）数据

走近知识产权：中小学知识产权教育读本 / 广西壮族自治区知识产权局编著.
—南宁：广西教育出版社，2017.12（2019.1 重印）
ISBN 978-7-5435-8425-9

Ⅰ.①走… Ⅱ.①广… Ⅲ.①知识产权－中国－青少年读物 Ⅳ.①D923.404

中国版本图书馆 CIP 数据核字（2017）第 312008 号

责任编辑：张星华　王高阳　司亚萍
责任校对：刘汉明
版式设计：江　悦　杨　阳
封面设计：杨　阳

本书为广西科技计划项目成果
ZOUJIN ZHISHI CHANQUAN: ZHONG -XIAOXUE ZHISHI CHANQUAN JIAOYU DUBEN
走近知识产权：中小学知识产权教育读本

出 版 人：石立民
出版发行：广西教育出版社
地　　址：广西南宁市鲤湾路 8 号　邮政编码：530022
电　　话：0771-5865797
本社网址：http://www.gxeph.com
电子信箱：gxeph@vip.163.com
印　　刷：三河市南阳印刷有限公司
开　　本：787 mm×1092 mm　1/16
印　　张：12.5
字　　数：220 千字
版　　次：2017 年 12 月第 1 版
印　　次：2019 年 1 月第 2 次印刷
书　　号：ISBN 978-7-5435-8425-9
定　　价：39.00 元